后浪出版公司

Martin Buber

Ich und Du

我和你

〔德〕马丁·布伯　著

杨俊杰　译

浙江人民出版社

目录

译者前言

一

1923年问世的《我和你》(*Ich und Du*),是犹太思想家马丁·布伯(Martin Buber,1878—1965)的名篇。在汉语学界,这本书已有三种翻译。其一,(台湾)许碧端翻译的《我与你》,1974年在台北出版,1993年有新印刷。其二,(台湾)张毅生翻译的《吾与汝》,1979年发表在台湾《鹅湖》月刊,分三期连载(卜伯1979.5:1,28—39;1979.5:2,39—50;1979.5:3,24—38)。其三,(北京)陈维纲翻译的《我与你》,北京、台湾均有印行。相对而言,张毅生的翻译发表在许多治"西"学的人不太熟悉的"中"学刊物上,所产生的影响不及此前许碧端、之后陈维纲的两种译本。许碧端译本虽然最早,但至今读来仍有趣味。有些容易译错的句子,它都能从用词模糊的地方,准确地读出布伯的原意。译者之功力,可见一斑。陈维纲译本语言别致,深受欢迎。其之为译林经典,断无半点可疑之处。

现有的三种中文翻译,基本上都是自英译本转译,而且也不讳言是转译。现在的学术界,隐约有种风气,好像只要转译就一定不可取。需要强调的是,这种看法具有一定片面性。转译的价值,不可如此慢侮。许多经典的汉译哲学名著，其实都是转译。转译同样也可以达到神采奕奕的地步，并惠泽后学。直接面对原文进行的翻译，也不能说可以更好地把握原文的语言和思想。客观地说，二者各有所长，也各有所短，都面临着扬长避短的任务。或可以韦卓民先生为例，草率地进行说明。韦先生翻译康德，原本可以直接从德语译出。但他考虑自己的德语终究不及自己的英语，对康德原文的理解未必能够及得上对康德著作英译本的理解，所以最终还是从英译本转译。仔细思量，怎能不对这种认真负责的态度肃然起敬！

《我和你》英译本有两种，译者分别来自英国和美国。首先是1937年出版的史密斯译本，其次是1970年出版的考夫曼译本。两个英译本的书名，都是 *I and Thou*。但要指出的是，考夫曼译本虽以 *I and Thou* 为书名，却也不过只是当作书名而已。他的译文处处都将 du 译成 You，而非 Thou。他在推出这个新译本以前，甚至还在文章里明确地说，用 Thou 翻译 Du 是不合适的，带来两个本该避免的"严重危险"（ernste Gefahren）。第一个危险是，Thou 容易让人联想到"那种神圣庄严的声调"，误以为布伯所要谋求的就是这种效果。考夫曼大概是暗指英语《圣经》尤其詹姆士钦定本用 Thou 称谓上帝，对西方世界（尤其通过教会）所产生的影响。在他看来，这种"神圣庄严的声调"恰是布伯费去许多气力想从宗教中赶走的。第二个危险是，Thou 作为从前英语所使用的一种人称，如今普通人在生活里基本上不会用到，要是用它来翻译布伯《我和你》的书名，无疑会让这本书显得有些神秘。弗

洛伊德的 *Das Ich und das Es*，也是 1923 年出版，书名与《我和你》并非没有相近之处。考夫曼指出，由于书名的翻译问题——*Das Ich und das Es* 被译成 *The Ego and the Id*，出现了两个老派的词 Ego、Id，弗洛伊德的书便无奈地予人以神秘兮兮的印象（参看 Kaufmann 1963，585）。考夫曼的讲法是不是有道理，恐怕很难评论。但至少可以概括指出，他的译本虽然顶着 *I and Thou* 的书名，其实应该被读成 *I and You*。

第一个英译本的作者史密斯（Ronald Gregor Smith，1913—1968）是苏格兰人，出生于爱丁堡。他在爱丁堡念大学，1934 年毕业于英语系（English Department）。从 1934 年 9 月到 1935 年 7 月，他在慕尼黑游学一年，主要学习德国的文学和哲学。后重新回到爱丁堡，适逢白利教授（John Baillie）离开纽约协和神学院，来到爱丁堡大学任"系统神学"教授（Professor of Systematic Theology）。正是在白利教授的影响下，史密斯对布伯产生兴趣。1936 年 9 月，他甚至还前往法兰克福，到黑彭海姆（Heppenheim）拜会布伯（Clements 1986，6—16）。史密斯的最后十年，是在苏格兰格拉斯哥大学作神学教授（Professor of Divinity）。自 1937 年出版《我和你》的译本时起，史密斯便和布伯结下不解之缘。他还翻译出版两种"布伯文选"，其一是 *Between Man and Man*，其二是 *The Knowledge of Man: A Philosophy of the Interhuman*。

Between Man and Man 出版于 1947 年，含 5 篇文章。第 1 篇 Dialogue，即 Zwiesprache，原载 *Die Kreatur* 杂志 1929—1930 年总第 3 卷，1932 年由柏林的 Schocken 推出单行本。第 2 篇 The

Question to the Single One，即 Die Frage an den Einzelnen，原是 1933 年与瑞士学生所作交流心得，1936 年由柏林的 Schocken 推出单行本。第 3 篇 Education，即 Rede über das Erzieherische，原是 1925 年在海德堡第 3 届国际教育大会（Internationaler Pädagogischer Konferenz）所作报告，1926 年由 Lambert Schneider 推出单行本。第 4 篇 The Education of Character，即 Über Charaktererziehung，原是 1939 年在特拉维夫会议上用希伯来语所作发言，德语版发表于布伯 1947 年出版的德语文集 *Dialogisches Leben. Gesammelte philosophische und pädagogische Schriften*。第 5 篇 What is Man?，即 Das Problem des Menschen，原是 1938 年夏季学期在耶路撒冷希伯来大学的讲稿，1942 年发行希伯来语版单行本。自 1965 年版以后，又新添一篇"后记"（Afterword），其副标题是 The History of the Dialogical Principle。这篇后记也是翻译，由弗里德曼（Maurice S. Friedman）翻译，原是布伯 1954 年出版的德语文选 *Das dialogische Prinzip* 的"后记"（Nachwort）。

至于 *The Knowledge of Man*，则是史密斯与弗里德曼合作翻译，1965 年出版，含 6 篇文章。第 1 篇 Distance and Relation，1951 年发表于 *Hibbert Journal*，原是 Urdistanz und Beziehung，发表于布伯 1957 年出版的德语文选 *Die Schriften über das dialogische Prinzip*。第 2 篇 Elements of the Interhuman，1957 年发表于 *Psychiatry*，原是 Elements des Zwischenmenschlichen，也发表于布伯 1957 年出版的德语文集 *Die Schriften über das dialogische Prinzip*。第 3 篇 What Is Common to All，1958 年发表于 *Review of Metaphysics*，原是 Dem

Gemeinschaftlichen folgen，1956年发表于 *Neue Rundschau*。第4篇 The Word That Is Spoken，原是 Das Wort, das gesprochen Wird，最初发表于1961年出版的论文集 *Wort und Wirklichkeit. Bayerische Akademie der schönen Künste*，然后收入布伯1962年出版的德语文选 *Logos. Zwei Reden*。第5篇 Guilt and Guilt Feelings，1957年发表于 *Psychiatry*，原是 Schuld und Schuldgefühle，1957年发表于 *Merkur*，1958年由 Lambert Schneider 推出单行本。第6篇 Man and His Image-Work，原是 Die Mensch und sein Gebild，1955年由 Lambert Schneider 推出单行本。

第二个英译本的作者考夫曼（Walter Arnold Kaufmann，1921—1980），原本是德国犹太人。他出生于德国弗莱堡一个已改宗至基督教（新教）的犹太家庭，但在12岁的时候，他回归犹太教，甚至想过当"拉比"（Rabbi）。1939年移居美国，二战后进入哈佛学习。仅用两年时间便攻下哲学博士学位，禀赋惊人。博士论文写尼采，题目是 *Nietzsche's Theory of Values*。他1950年出版的 *Nietzsche: Philosopher, Psychologist, Antichrist*，是英语世界尼采研究的经典之作（参看科恩格尔德［Stanley Corngold］给考夫曼的自述撰写的"前言"：Kaufmann 2015，xi—xii）。自1947年起，考夫曼一直在普林斯顿大学教哲学，1962年升至正教授（full professor）。作为布伯的译者，考夫曼特别难能可贵的地方是敢于坚持批评。哪怕是《我和你》的一些核心观念，他都能够一直抱有不愿完全苟同的立场。他在给自己的译本写的"前言"（prologue）里，就有这种表述。他参加布伯研究界的重要学术会议，同样也还是这样地提出批评（Cissna and Anderson 2002，44—45）。不作一丝一毫的乡愿，他的这份勇气不管怎么说，都是值得钦佩的。

《我和你》的德文原著，有1923年初版和1957年新版之别。不过，1957年版只是微有调整。所谓"微"调，是指基本上只对一些不太关键的个别词句进行改动、增删，绝少出现重写整段话甚至整节内容的情况。比如初版第1部分第2节有一句话Grundworte bedeuten nicht Dinge, sondern Verhältnisse，新版时删去，又或者初版第2部分第6节有一句话was uns in diesem leben tun，新版将tun改成gerät，等等。类似的"微"调，也见诸布伯的其他文本，这大概是他的一种工作习惯。史密斯译本、考夫曼译本，底本分别是初版、新版。当然，这里需要补充说明的是，史密斯的译本又有新、旧之别。1958年的新史密斯译本，是在1937年旧史密斯译本的基础上"略"有调整，但它并没有参考布伯1957年"新"版。此"新"无关乎彼"新"。其所调整者，仅是旧史密斯译本当中的两个译法。其一，改用spiritual beings译geistige Wesenheiten。其二，放弃reversal，改以turning译Umkehr（Buber 1958, xi—xii）。或许，史密斯并不认为布伯的"微"调，有引起进一步调整的价值。

史密斯是布伯翻译的"行家"，考夫曼教授是德国文学和思想的"行家"，这都是确切无疑的。不难想见，他们给出的英译本都具有相当的功底和可见度。然而，翻译终究是一种"手艺"，任谁都难言完美。史密斯、考夫曼，都在其中。考夫曼从"布伯档案"（Martin Buber Archive，简称MBA）里，找到布伯1937年3

月写给史密斯的一些信。从中发现布伯对史密斯寄来的英文译稿，提过不少修改意见，加起来达两百处之多！对照最终出版的英译本，考夫曼却发现布伯有些意见，史密斯并没有及时吸收。考夫曼还发现他自己的翻译，尤其在一些疑难字句上，同布伯透过对史密斯翻译所作的批评而流露的想法有不少相通之处——"感觉真有点奇怪，竟然看到许多疑难的字句，我的读法居然从布伯那里得到了验证，而且是在他过世多年以后"（Kaufmann 1970, 5）。这至少意味着，史密斯的译本虽然现在还是很受欢迎，但翻译方面并非无可挑剔。另一方面，即便是考夫曼的新译本，也还是有批评的声音传出。弗里德曼就认为，布伯的有些用词，比如Umkehr，考夫曼可以翻译得更好。考夫曼把Umkehr翻译成return，弗里德曼批评说还是turning更加合适（Friedman 2002, xxii）。

翻译《我和你》里的Umkehr，焦点在于它有没有"回"的意思——究竟只是"转"，抑或是指"转回"（或者"回转"）。史密斯译本1958年新版，在Umkehr的翻译上从reversal改成turning，想必就是对"回"有所顾忌。弗里德曼赞成turning，批评考夫曼的return，恐怕也是如此。《我和你》曾很清楚地谈到Umkehr，其所特别强调的也只是转，并无转"回"之意：

文化的历史并非王朝更替，并非匆匆走过一个接着又走来下一个，气氛活泼，决不多想什么，匆匆穿行在不变的死亡圆圈里。［其实，一种又一种文化］来了又去，便走出了一条无名的道路。不是什么不断进步不断前进的道路；可以称之为向下去，穿过属灵层面的地下世界的一个又一个陀螺，也可以称之为向上去，走进那最往里最精妙也缠绕得最复杂的漩涡，很显然无所谓什么往前与向后，不过是总在进行着前所未有的 Umkehr：［总在进行］突破。（第 2 部分，第 6 节）

沿着螺旋往下，又或者随着漩涡向上，固然是"转"，却不是转回来，而是转得更往下，或者转得更往上。就此而言，考夫曼翻译成"转回"（return）或"返回"，恐怕不太妥当。

二

这里给出的新译本，直接以 1957 年的德文新版为底本。布伯给 1957 年新版撰写的"后记"也一并译出。考夫曼的译本添加了一些带有解释性质的注释，这里沿用他的做法，并在相当程度上参考他的注释。"圣人无常师"，很多哲人，包括布伯在内，也是"无常师"。布伯吸收的思想资源，较为丰富。西方自身的资源，从宗教到哲学、文学，在《我和你》里有许多展示。东方的资源，如印度思想（尤其是佛教），如中国文化，《我和你》同样也有展示。现在高科技搜索工具非常发达，把这些资源指出来并写在注释里，已不需要博闻强记之能，不过是为有兴趣的读者进一步探索提供一些便利而已。

布伯的语言美妙，也晦涩。直接面对他的德语，难度可想而知。

他喜欢在音形相近的词语之间做文章，诸如 lauten heißt umlauten，或者 die Bahn und Widerbahn，这样的遣词用句比比皆是。看到这种文字风格，不禁想起我的一位德国教授朋友关于海德格尔（Martin Heidegger）所说的话。他说，海德格尔在语言方面太神奇，简直是一位"魔法师"（Zauberer）。布伯的语言，大概也是如此。使用这种晦涩的语言进行写作，俨然也是当时德语学界的一种风潮。布洛赫（Ernst Bloch）、凯沙林伯爵（Hermann Keyserling）、蒂利希（Paul Tillich），甚至还有阿多诺（Theodor Adorno）等人的著述，都有这种特点。

晦涩的语言，除了美妙，并非没有其他优点。晦涩意味着深邃，往往富于韵味，也耐人寻味。以蒂利希为例，蒂利希研究专家叔斯勒教授（Werner Schüßler）赞叹道，蒂利希的语言具有"凝练的神韵，近乎每一句都值得品味"（叔斯勒，2011）！然而，晦涩也意味着难懂。还是以蒂利希为例，他本人对这一点有过反省："那些作品，尤其是我在20世纪20年代末写的那些，依着我现在关于德语的评价，根本就不是德语，纯粹是哲学家的德语，而从当时的角度来评价，竟然是很德语的。"（转引叔斯勒，2011）

这里特别要提到的是，布伯曾经因为语言的晦涩，招致尖刻的批评。德国法兰克福"中国学院"（China-Institut）于1928年秋召开学术会议，主题是"中国的教化和伦常"（Bildung und Sitte in China）。主要就是听卫礼贤教授（Richard Wilhelm）的主题发言，并进行讨论。诚然，讨论环节也有很丰富的内容，布伯的发言就出现在讨论环节里。主题发言连同讨论，一齐出版于1929

年，发表在《中德年鉴》（*Chinesisch-Deutsche Almanach*，1929—1930）。其中第40至43页是布伯的发言部分，没有标题，只是标以"布伯博士说"（Dr. Martin Buber:〔…〕）。它集中表述了布伯关于中国文化的总体看法，对理解这位犹太思想家的"中国热情"来说有较重要的参考价值。但是，专治汉学的萨克（Erwin Ritter von Zach，1872—1942）对布伯的语言大不以为然。他严厉地谴责说，布伯说的那些话，恐怕"只有写东西的人懂"（oft nur von dem verstanden wird, der ihn geschaffen hat），如此语言风格居然成了"时髦"！（Zach，2005，90—91）。

萨克还特地从布伯的发言里挑出一段话，指出它完全让人摸不着头脑。这段话是：

Aller geschichtliche Erfolg ist Scheinerfolg, aller geschichtliche Erfolg bedeutet Verzicht auf die Verwirklichung. Im Kern jedes geschichtlichen Erfolgs steckt die Abkehr von dem, was dieser Täter eigentlich gemeint hat. Nicht die Realisierung, sondern die verkappte, die eben durch den Erfolg verhüllte oder markierte Nichtrealisierung, das ist der geschichte Erfolg. Dem steht gegenüber die Änderung des Menschen im Nichterfolg, die Änderung des Menschen dadurch, daß man wirkt, ohne einzugreifen. Dieses Tun ohne zu tun, Tun durch Nichttun, diese Mächtigkeit des Daseins, das ist, glaube ich, etwas, in dessen anhebender Erkenntnis wir uns mit der großen

Weisheit Chinas berühren。

　　晦涩甚至于难懂，恐怕主要在于布伯使用了某些似乎意味含混的词，如 Verwirklichung，Realisierung、Nichtrealisierung，Tun、Nichttun等。Tun、Nichttun，通常关联着东方思想。或是中国的道家，或是印度的佛经。就老子而言，便是众所周知的"为""无为"。就佛经而言，则是"应作""不应作"。德国学者塞登施徒克（Seidenstücker）翻译南传大藏经增支部（Anguttara nikaya）二集第四"等心品"（samacitta-vagga）第3节，就把"应作""不应作"翻译成Tun、Nichttun。印度佛经的德语翻译，布伯读过不少。《我和你》当中就有文字证据，可以表明这一点。就此而言，布伯所说的Tun、Nichttun，并非没有可能与佛经有关。然而，佛经所谈的Nichttun，都是宜回避的不良之事。考虑到Nichttun在中国的道家那里有着极高的地位，这段话的语境又是在谈"中国的伟大智慧"，则可推知应该联系中国的道家，来理解布伯这段话说到的dieses Tun ohne zu tun、Tun durch Nichttun。

　　布伯早年编译《庄子文选》（*Reden und Gleinisse des Tschuang-Tse*），写过一篇颇为知名的后记，那就是《道的学说》（*Die Lehre vom Tao*）。以庄子为契机，布伯对老庄所代表的道家学说展开进行了阐述。其中详细地谈到Tun、Nichttun，中译者很正确地把它们还原成"为""无为"——"老子从人的语言出发去看待认识，称真正的认识为无识（明道若昧）。同样，他把圣人真正的行为称作无为（"圣人处无为之事"［„Der Vollendete tut das

Nichttun"])。圣人的虚静不是世人所谓的那种安静，它是圣人内心之为的杰作。这种无为之为（Dieses Tun, das „Nichttun"）是整体本质的作用（ein Wirken des ganzen Wesens）。干预万物的生命无异于损物害己。清静就是作为（wirken），净化自己的灵魂就是净化世界，致虚守静便是益助无穷，合于道就是更新世界。干预者所具有的力量渺小而浅薄，不干预者所具有的力量则巨大而又神秘"（Buber 1922，115；Buber 1995，210）。

维克托·冯·施特劳斯的《道德经》德译本，布伯一向很看重。施特劳斯恰把"无为"翻译成Nichttun，把"为"翻译成Tun（Strauss，1870，10，172）。卡尔·达拉哥（Carl Dallago）的《道德经》德译本，布伯应该也是熟悉的，那里也是这样处理的。这样说起来，dieses Tun ohne zu tun大抵就是"为而无所为"，Tun durch Nichttun即"无为而为"。

至于Verwirklichung、Realisierung，的确是两个很难区分的词。如果确实要找出差异，或许可以将Verwirklichung（wirklich）关联着möglich，将Realisierung（real）关联着ideal来理解。也就是说，从"实现"（将可能的东西变成现实）的角度来理解Verwirklichung（于是，Verwirklichung还关联着亚里士多德哲学的传统），从"落实"（将理想的东西落到实处）的角度来理解Realisierung（于是，Realisierung有可能还关联着德国唯心论的思路）。萨克所引布伯的那段文字，便可译之如下——

　　历史中的所有成功，都是假成功。历史中的所有成功，都离实现很远。历史中的所有成功，都源于做事情的人背弃了其所真正想做的事情。历史中的所有成功，都不是落实，而是没有落实——哪怕精心掩饰，藏在成功的外表里，贴上标签，终究还是没有落实。与之相反，在不成功之中人变化了。变化的缘由是——有所作用而又不介入。这种主动就是不主动做事情，通过不主动而主动，只强健地活着，我相信这是我们在与中国的雄伟智慧接触时一定要认识到的东西。

结合布伯所欣赏的"中国的伟大智慧"语境，甚至可以把作为"实现"的Verwirklichung理解为"成"，把作为"落实"的Realisierung理解为"弘"：

> 历史中的所有成功，都是假成功。历史中的所有成功，都离"成"很远。历史中的所有成功，都源于做事情的人背弃了其所真正想做的事情。历史中的所有成功，都不是"弘"，而是"未弘"——哪怕精心掩饰，藏在成功的外表里，贴上标签，终究还是未弘。与之相反，在不成功之中人变化了。变化的缘由是——为而不有。这种为而无所为，无为而为，只强健地活着，我相信这是我们在与中国的雄伟智慧接触时一定要认识到的东西。

据此可以看出，萨克对布伯的批评恐怕是过于严厉了。退一步说，普通的德国人确实可以抱怨布伯。专治汉学的他，似乎不应对这段话里的中国智慧感到陌生。诚然，这里的真正的意图并非批评萨克，替布伯鸣不平。通过分析这则个案，主要是想举例说明，阅读布伯的著作，也还有必要了解他有哪些"师"。此外，需要强调说明的是，了解是一回事，这里落实到翻译层面则又是一回事。《我和你》当中，也有 Tun、Nichttun。其所说的 Nichttun，确实可以从"无为"的角度理解。然而，这里不把 Nichttun 还原成"无为"，也不把 Tun 等同于"为"，而仍然要从 Nichttun、Tun 本身的意思去翻译，译成"不主动""主动"。与之类似的例子还有很多，比如尽管布伯常常把《道德经》所说的"圣人"理解为 Der Vollendete，但当《我和你》使用 Der Vollendete 时，这里不将之等同于"圣人"，而是翻译成"已完满者"。如此处理的主要考虑是，布伯所说的 Nichttun 或者 Der Vollente，即便是指《道德经》里的无为或者圣人，其之为无为、圣人的德译词，已有其自身的意义"场"。所以，《我和你》第3部分第7节谈到佛是 Der Vollendete，也是 der Vollender，已然是针对 Vollente 这个德语词本身在做文章。将 der Vollendete 同 der Vollender 相提并论，便是着眼于 Vollendete 之为"已完满"，而与 Vollender（"使完满"）相对。

必须要承认，面对布伯美妙而晦涩的德语，这里所作的这些处理，又或者其他处理，未必都是妥当的。诚如前所述，这里固然直接译自德语，却并不自信能够给出更好或者更加完满的翻译，只拟在现今三种中译本基础上，携带着自己的一些理解，以及各种自制的或许具有一定说服力，或许强迫接受的性质远远多于说服的翻译准则，再新添一种译本。

三

布伯对中国古代文学和思想抱有较浓厚的兴趣。关注《庄子》，是因为他深觉"道"之妙。关注《聊斋志异》，是因为他在搜寻鬼怪故事时发现，《聊斋志异》的鬼怪故事与西方迥异其趣。人鬼之间，原来还可以有如此种种剪不断理还乱的绵绵情意。布伯著述甚多，其中最为人所称道的，便是《我和你》(Ich und Du)。以前大家都没有留意到，《我和你》其实就有一段文字，涉及一位"中国诗人"，表明布伯对中国文学含有热情。

《我和你》一共三个部分。论及那位"中国诗人"，是在第二部分第二节：Der chinesische Dichter erzählt, die Menschen hätten das Lied nicht hören mögen, das er auf seiner Jadeflöte spielte; da spielte er es den Göttern, und sie neigten das Ohr; seither lauschten auch die Menschen dem Lied: - so ist er denn von den Göttern zu denen gegangen, deren das Gebild nicht entraten kann。语句并不复杂，两个英译本却让其中的两个地方成了理解的障碍。

第一个障碍是无意间造成的。两个英译本的翻译都是they inclined their ears，意为"侧耳倾听"，这与sie neigten das Ohr的德语原意也是高度吻合的。但不幸的是，人们很容易把inclined错看成declined。设若如此，将错误地理解为"不想聆听"。张毅生的翻译"倾耳聆听"，无疑是准确的。至于第二个障碍，则是布伯用词晦涩所造成的。Gebild一词，史密斯理解为"结构"(structure)，考夫曼理解为"图像"(image)，都不太贴切。20世纪后半期是英语的时代，英译本的传播范围极广。他们翻译得不准确，也在很大范围内影响了人们的普遍理解。实际上，这里所说的 Gebild，就像布伯在其他很多地方所用到的那样，其实就是"成果"。更确切地说，它是指创作、创造的产物。可以是笼统的精神生产的成果，也可以是诗人的诗、哲学家的著作、演奏者的琴声。

当然，布伯所说的 Jadeflöte，未必就是玉笛，也有可能是箫管。为方便起见，不妨暂且理解为玉笛。可将以上那句话翻译——"中国有位诗人写道，他用玉笛吹的曲子，人们不喜欢听；吹给神灵们，神灵们侧耳倾听了；然后，人们也来听他的曲子——他就是这样从神灵们，走到他的成果终究不能离开的人们那里"。所谓他的成果离不开人们，是指对这位中国诗人而言，他的曲子无论如何都需要"人们"的认可。人世间的听众，是他的成果须臾间都不能离开的。

这番话明显不是灵感袭来，布伯就能够写出来的。它的确也有源可寻，最早可以追到俞第德（Judith Gautier，1845—1917）那里。就像《我和你》是布伯的名篇，这位法国女诗人同样也有名篇，那就是 *Le livre de Jade*。这本译诗集，国内一般称作《玉书》。但既然 1867 年初版的封面上，赫然还印着"白玉诗书"四个汉字，或许更应该把它称作《白玉诗书》。《白玉诗书》初版收译诗 71 首，归为 7 组。分别是 Les amoureux（恋人），La lune（月），L'automne（秋），Les voyageurs（旅人），Le vin（酒），La guerre（战），Les poëtes（诗人）。第七组"诗人"，含 12 首译诗。其中第 1 首，俞第德说作者是李白（Li-Tai-Pé）。题为 *Les Sages dansent*，即《仙人们在跳舞》（Walter 1867，143—144）。

《仙人们在跳舞》一共四行，大约是绝句：

Dans ma flûte aux bouts de jade, j'ai chanté une chanson aux humains; mais les humains ne m'ont pas compris.

Alors j'ai levé ma flute vers le ciel, et j'ai dit ma chanson aux Sages.

Les Sages se sont réjouis; ils ont dansé sur les nuages resplendissants;

Et maintenant les humains me comprennent, lorsque je chante en m'accompagnant de ma flûte aux bouts de jade）。

吹我的玉笛，我给人们唱一首歌，但人们没有懂我。

举笛对着天空，给仙人们唱我的歌。

仙人们高兴，在云彩上面跳起了舞。

现在人们懂我了，当我唱歌的时候随我的玉笛而动。

很显然，布伯的"中国诗人"就是李白。进入20世纪以后，俞第德翻译的《仙人们在跳舞》（Les Sages dansent），与《白玉诗书》里的其他许多译诗一起，跟随着德语地区生机勃勃的汉学热而越来越受重视。自1905年被汉斯·海尔曼（Hans Heilmann）译成德语后，李白的这首诗便开始了在德语地区的"漫游"。漫游的情形如此热烈，以至于有理由推断说，无论布伯有没有参考俞第德的法译本，他都应该至少参考了某一种德语版本。

首先是海尔曼翻译成《永生者们的舞蹈》（ *Der Tanz der Unsterblichen* ）——

吹我的玉笛，我给人们唱一首歌，但人们不懂我。

举笛对着天空，给永生者们唱我的歌。

永生者们很高兴，在云彩上面跳起了舞。

现在人们也懂我了，在我唱歌的时候便随我玉笛而动（ Heilmann 1905, 56 ）。

紧接着，瓦尔特·海依曼（ Walther Heymann ）以海尔曼为基础，1907年重新翻译。题名与海尔曼保持一致，仍然是《永生者们的舞蹈》（ *Der Tanz der Unsterblichen* ）。诗的形式变成四节，每节三行（ Heymann 1907, 110 ）：

我手里拿着笛，

吹我的笛，我给人们唱一首歌。

究竟在哪里呢，懂我的那个人！

既然没有找到，

我就把笛对着天空，

给永生者们唱我的歌，吹笛唱歌。

永生者们对着我，

他们喜欢这首歌，吹笛唱的这首歌，

永生者们手拉着手。

永生者们的脚在云头，

在云头上跳舞美轮美奂——

人们从此以后懂我的歌也懂我的笛！

著名译诗集《中国笛》(*Die chinesische Flöte*)，也是1907年出版，这首诗亦在其中，题名《神灵们的舞蹈》(*Der Tanz der Götter*)。汉斯·贝特格（Hans Bethge）坦承，整本译诗集都是以海尔曼的译诗集为基础，同时也参考了俞第德《白玉诗书》、德理文（Le Marquis d'Hervey de Saint Denys）《唐诗》(*Poésies de l'époque des Thang*)等法语著作。然而，1862年出版的《唐诗》虽有24首李白（Li-taï-pé）的诗，却并没有这首诗，也没有与之相近的选篇。不难看出，贝特格翻译的《神灵们的舞蹈》，主要是参考《白玉诗书》的法译、海尔曼的德译。诗的形式改成三节，每节长短不一（Bethge 1907，25）：

吹我的笛，玉做的笛。

我深情地给人们唱一首歌，

人们笑了，他们没有懂。

我痛苦地把笛举起来，

玉做的笛，对着天空，

把我的歌献给神灵们。

神灵们很高兴，在云彩上面，

随我的歌跳起了舞……

我现在又快活地向人们唱起了歌，

人们现在也懂我了。

我唱起了歌在我吹笛的时候，

玉做的笛……

1915年，克拉朋德（Klabund）又译成《云上的舞蹈》（*Der Tanz auf der Wolke*）。诗的形式是两节，每节四行（Klabund 1915，27）：

在我吹玉笛唱歌的时候，

人们觉得像是一栋阴暗的房子。

他们可怕地嘲笑我的歌。

我举起笛，对着永生者们。

神灵们在云彩上面欢快地跳着舞。

人们看到这些舞蹈者，高兴地转变了。

欢呼好似草木在人群里成长，

在我吹玉笛唱歌的时候。

除此以外，诺伊尔（Friedrich Alfred Schmid Noerr）1917年给出的德语翻译也有一定的影响力。由于诺伊尔所说的笛是陶笛（zu meiner Flöte von Porzellan）而非玉笛，可以推知布伯不太可能参考这个版本，或者至少不会以这个版本为主要参考。《我和你》出版时间是1923年，较有可能参考的主要是海尔曼、海依曼、贝特格三种译本。

贝特格的《中国笛》较有名望，如音乐家马勒（Gustav Mahler）《大地之歌》里的"唐诗"，所倚重者恰是《中国笛》。近来德国不断推出重新整理的布伯全集，规模庞大。其中第2卷第3册提示说，"布伯档案"（MBA）藏有贝特格的一篇文章《中国的》（Chinesisches），载1912年2月11日德国《布累斯劳日报》（Breslauer Zeitung）（Buber 2008，454）。便有理由推断说，布伯对于贝特格的《中国笛》应该是了解的。

云上高蹈者，最初在俞第德那里是仙人们。在布伯那里，则是神灵们。三种德语版本里，只有贝特格的版本说的是"神灵们"。此外，也只有贝特格版本里提到了诗人重新为人们所接受的情况。"我现在又快活地向人们唱起了歌"，诗人快乐当然是因为人们懂他，接受他了。布伯既然说诗人的成果离不开人们，那么当人们接受诗人的时候，诗人的成果便实现了价值，诗人有理由感到快乐。有鉴于此，基本上可以进一步推断说，布伯参考的版本，首推贝特格翻译（改写）的《神灵们的舞蹈》。

"中国诗人"的谜底已经揭晓，布伯参考的德语版本也基本上明确。接下来要关心的问题自然是，李白所写吹笛之事，究竟是他的哪首诗。有一种看法认为，贝特格《神灵们的舞蹈》，之前的德语版本海尔曼《永生者们的舞蹈》、海依曼《永生者们的舞蹈》，之后的克拉朋德《云上的舞蹈》，原诗都是李白的《悲歌行》（Gu 2002，134）。"主人有酒且莫斟，听我一曲悲来吟。悲来不吟还不笑，天下无人知我心"，与《神灵们的舞蹈》"我深情地给人们唱一首歌，人们笑了，他们没有懂"勉强还有一些相通处。但《悲歌行》说的是"三尺琴"，从俞第德到贝特格则都是"玉笛"。更何况，《悲歌行》完全没有提到，仙人神灵们在云间起舞。所以，这种观点没有很强的说服力。

最近又有一种看法认为，《白玉诗书》里的《仙人们在跳舞》，大概与李白《江上吟》有关（Kroll 2015，269）。然而，《江上吟》同它之间的关联更加微弱。尽管提到了"玉箫金管"，也谈及"仙人"，但里面并没有诗人吹奏玉箫，神人之间往复的内容，也没有起舞云间之事。实际上，翻查李太白全集，也找不到有哪首诗，能够与俞第德、贝特格译诗里的关键内容相应。李白原诗究竟是哪一首，俨然成了一个棘手的问题。究其根源，问题恐怕出在俞第德《白玉诗书》身上。俞第德的《仙人们在跳舞》，是贝特格《神灵们的舞蹈》的"始基"。

《白玉诗书》初版共有李白诗歌13首，有些可以确切地找到原诗，有些则给学界造成困扰。前者有 *Au bord de la rivière* 之为《采莲曲》，*Chant des oiseaux, le soir* 之为《乌夜啼》，*L'escalier de jade* 之为《玉阶怨》，*L'auberge* 之为《静夜思》，*Chanson sur le fleuve* 之为《江上吟》，等等。后者当中最著名的，便是 *Le pavillon de porcelaine*——既然很难想像能够烧出一间"瓷亭",便有理由稍稍转译,译作"琉璃亭",又或者转译得更多些,理解为"陶亭"。这首《琉璃亭》同样也在德国广泛流传,马勒《大地之歌》采纳了它。德博教授(Günther Debon)后来也说,它是"我们这里很喜欢的"。

钱林森教授认为,《琉璃亭》的形成,是由于俞第德一知半解地接受了丁敦龄的解读。《白玉诗书》的形成,离不开丁敦龄的合作和指导。流落巴黎的中国秀才丁敦龄,其法语能力我们始终都是不能高估的。他要把唐诗的精妙意味,传达到当时中文能力实在有限的俞第德,势必要对字句细作解读。其对具体汉字所作的拆解与诠释,对相关历史掌故所作的介绍,想必会给俞第德留下深刻印象,激发她的灵感与想像力。钱教授正是本着这一思路,推测《琉璃亭》的原诗是李白《客中作》(钱林森2004,192-195)。

关于《琉璃亭》,还有其他一些推测。但不论是把李白《宴陶家亭子》,还是将杜甫《清平调三首》与之关联起来,都会承认俞第德过于自由发挥了。仔细思量俞第德的这种自由,则恐怕还是应该充分重视她的老师所起的作用。准确地找出《仙人们在跳舞》的原诗,已是疑难之事。然而顺着思路,或许可以尝试着关注李白的《凤台曲》:

> 尝闻秦帝女,传得凤凰声。是日逢仙子,当时别有情。
> 人吹彩箫去,天借绿云迎。曲在身不返,空馀弄玉名。

毕竟,李白只有这首诗是在天人之间的境遇里,谈论乐器,还有吹奏者的命运，而且也提到了"仙子"。尤其"人吹彩箫去，天借绿云迎"这两句，与《仙人们在跳舞》的内容颇能对应。"曲在身不返，空馀弄玉名"两句，经过丁敦龄的解释，也未尝没有可能对《仙人们在跳舞》所言世人不知，及至世人重新认可的内容构成启发。值得一提的是，在解释李白《凤台曲》的时候，极有可能提到另一首同样收进《乐府诗集》的王无竞《凤台曲》：

> 凤台何逶迤，嬴女管参差。一旦彩云至，身去无还期。
> 遗曲此台上，世人多学吹。一吹一落泪，至今怜玉姿。

这首《凤台曲》与李白有诸多相通之处。倘若丁敦龄确实提起，"世人多学吹"句应会加深并影响俞第德对"空馀弄玉名"的理解。设若如此，则可知李白《凤台曲》经由丁敦龄的诠释，进入俞第德的思想和语言里，再辗转抵达布伯那里，此真可谓李白的"一场奇境漫游"。

四

《我和你》的三个部分，本来都是有标题的。布伯在1922年9月14日写给罗森茨威格（Franz Rosenzweig）的信里明白地说到这一点，分别是"词"（Wort）、"历史"（Geschichte）、"神"（Gott）。可他又不希望读者会把它们当成标题来看，最终就没有把它们放进即将出版的书里。布伯在这封信里还提供了另外两个重要信息，都与《我和你》有关。其一，最初想到要写这本书的时间是1916年5月，最初动手写这本书的时间是1919年夏，终稿的时间是1922年春。其二，《我和你》是布伯五卷本计划的第1卷，第2卷至第5卷分别是Urformen，Gotteskunde und Gottesgesetz，Die Person und die Gemeinde，Die Kraft und das Reich。其中，第3卷的重心是谈"他"（Er），第4卷的重心是谈"我们"（Wir）（Buber 1973，128）。

之前介绍史密斯的时候提到，其编译布伯*Between Man and Man*于1965年推出新版，增录一篇最初发表于1954年的《对话原则的历史》（*The History of the Dialogical Principle*）。布伯在这篇文章里，再次谈到以上这些，涉及五卷本的计划，也涉及《我和你》的"前史"。值得注意的是，布伯指出1916年不只是《我和你》最初构思的时间，也是整个五卷本计划最初制定的时间。最初动手写《我和你》的时间也稍有差别，不是1919年夏，而是1919年秋。布伯还特别提到，在1922年春《我和你》定稿之前，他讲授了"宗教之为眼前"（Religion als Gegenwart）系列讲座，时间是1922年1月和2月（Buber 1962 I，298）。

布伯、考夫曼后来在耶路撒冷"布伯档案"（MBA）找到一张小纸片——姑且称作纸片A，上面也恰好清楚地列明布伯所说五卷本计划的书名及书中小标题，《我和你》三个部分的标题也在其中。考夫曼将找到的纸片A影印，置于他的译本之中（Buber 1970，48-49）——

I.Ich und Du

1.Wort. 2. Geschichte. 3. Gott

II.Urformen des religiösen Lebens

1.Magie. 2. Das Opfer. 3. Das Mysterium. 4.Das Gebet

III.Gotteskunde und Gottesgesetz

1.Mythos. 2. Dogma. 3. Gesetz. 4.Lehre.

IV.Die Person und die Gemeinde

1.Der Stifter. 2. Der Priester. 3. Der Prophet.

4.Der Reformator. 5.Der Einsame

V. Die Kraft und das Reich

　　五卷本的写作计划最终搁浅。布伯不无遗憾地说,整个计划"我已觉得是久远又陌生的事情了"。考夫曼整理公布纸片A,称之为"一个被布伯搁浅了的计划"(A plan Martin Buber abandoned),无疑是一个合适的做法。但在时间的厘定上,考夫曼处理得不够谨慎。纸片A没有署明具体的时间,考夫曼根据布伯1954年的文章,依从1916年已有五卷本计划的说法,便把时间判为1916年。他没有考虑到事情还有可能是这样的情况,布伯1916年即便已有一种五卷本计划,五卷本的书名及小标题还并不是1922年向罗森茨威格所说,又或者纸片A所记的那个样子。

　　继考夫曼之后,霍尔维茨教授(Rivka Horwitz)在"布伯档案"(MBA)也找到另一张纸片——不妨称作纸片B。上面有确切的签署时间1918年2月5日,她同样也影印并整理发表——

Das Gegenüber und das Dazwischen

Das Gegenüber als Kern und Substanz

　Die Formen des Gegenüber (Gott, Werk, Geliebte usw.)

　Die Beziehungen zum Gegenüber (Schaffen, Lieben, gebieten usw.)

　Das Dazwischen als Hypostasierung der Beziehung

　Der Gott – Gegenüber

　Der Dämon – Dazwischen

　Die Tendenz zum Erlösung des Dazwischen / Dionysos, Christus

　Der Dualismus von Gegenüber und Dazwischen

　In Mythos, Magie und Mysterium aufzuzeigen

　　霍尔维茨认为，纸片B记录的，就是布伯的五卷本计划。她顺势指出，考夫曼找到的纸片A不可能早于纸片B，不会是1918年（Horwitz 1978，156）。倘若早在1916年之时《我和你》就已经是"我和你"，1923年出版之时同样也是"我和你"，那么，中间1918的时候基本上不太可能会是别的书名——如纸片B所记的"面前和之间"（Das Gegenüber und das Dazwischen）。或者换一种说法，如果布伯在1918年以前真的已经有了五卷本计划，那么，第1卷的书名要么也是"面前和之间"，要么是别的书名——总之不会是"我和你"。

　　《我和你》的许多关键概念，就像霍尔维茨所指出的那样，在时间略早于《我和你》完稿前的系列讲座"宗教之为眼前"里没有得到明确的展示。"宗教之为眼前"一共八讲，在霍尔维茨看来其中有四讲内容，应可被看成与《我和你》直接相关。第4、5讲，分别涉及"它的世界""你的世界"，与《我和你》第1部分相近。第6、8讲，涉及神，与《我和你》第3部分相近（Horwitz 1978，33）。可是，"基本词"（Grundwort）一词只出现一次，而且还是在解答学生的提问。"我—它"（Ich-Es）、"我—你"（Ich-Du），没有出现。神只是被称作"绝对的你"，而不像《我和你》所在意的那样是"永恒的你"（Horwitz 1978，35）。这意味着在《我和你》终稿之前，哪怕是主题与之高度接近的"宗教之为眼前"讲座里（要知道，第6、8讲都有许多内容，几乎完全相同地出现在《我和你》第3部分里［Horwitz 1978，36，112-115，139-152］），《我和你》的很多想法至少在语言层面，很有可能还没有清晰地展露于布伯面前。

布伯在"宗教之为眼前"第7讲，绘声绘色地讲过一个故事，并称之为"铁轨上的回答"（Eine Antwort in der Eisenbahn）。其中的主要内容是，布伯几个月前，"大概半年前"，也就是1921年秋天，和朋友们一起坐火车的时候突然想明白了一件事情，信仰神意味着决不会用第三人称称谓神。也就是说，不是他，而是你！想明白这件事情，同时也意味着终于可以廓清多年以前的一个疑惑。原来在1914年复活节后，也即一战爆发前夕，一位英国来的老朋友来拜访布伯。英国朋友醉心于《旧约·但以理书》的阅读和领会，强烈地感觉到1914年将有大事发生。他对布伯说"我们生活在一个伟大的时代"，然后提了一个问题——"您信仰神么"。这便成了一个困扰着布伯的问题，直到这时他终于释然（Horwitz 1978，128—130）。这个故事让霍尔维茨更加确信，布伯真正想到用第二人称"你"来指称神，并深觉其思想内涵，连同其之为《我和你》的核心观念，实际上是在《我和你》最终定稿的前一年即1921年才发生的事情。

霍尔维茨教授的意见，显然值得高度重视。据此也确实有理由认为，布伯将第1卷的书名定为"我和你"，时间不会很早。纸片B是布伯的五卷本计划的早期版本，纸片A一定在它之后，甚至很有可能是接近《我和你》终稿的时候才出现的。考夫曼对纸片A所作的处理，不只草率，而且也是错误的。诚然，考夫曼之所以犯错，在一定程度上也是因为布伯的语言略显含混。于是，他完全没有想到，《我和你》的书名会有变动。

英国来的朋友，其实就是赫希勒（William Hechler，1845-1931），他是犹太复国运动的著名支持者。布伯再次讲起这个故事，已是40年之后的事情。这时，他也确切地说出了赫希勒的名字。然而经霍尔维茨教授提醒，我们不无惊讶地发现，布伯重讲这个故事，竟然抹去时间的鸿沟，将"铁轨上的回答"的时间提前到了1914年！在新的叙述里，赫希勒提出那个带来困扰的问题之后，布伯很快就有了回答。赫希勒是顺路来拜访，布伯陪着他去车站，送上火车。然后回到家中，突然间他脑海里浮现出了答案——信仰神意味着决不会用第三人称称谓神（Schilpp and Friedman 1967，23—25；Horwitz 1978，177）。布伯的语言，还有故事，便又一次显得含混。

五

霍尔维茨解读《我和你》，还特别看重奥地利天主教思想家埃布纳（Ferdinand Ebner, 1882—1931）对于布伯的影响。在她看来，《我和你》得以真正成形，布伯思索出"我和你"的思想，离不开埃布纳带来的启发（Horwitz 1978, 166—182; Bloch 1983, 141—156）。这无疑也是一个有趣，但同样值得高度重视的观点。

在20世纪"对话"哲学又或者"我和你"哲学的谱系里，埃布纳倒是很早就有一席之地。海姆教授（Karl Heim）在盛赞"我—你"关系的提出彻底超越"我—它"关系，不啻是思想界又一次哥白尼革命的时候，便将埃布纳（当然，还有洛维特［Karl Löwith］）同布伯相提并论（Heim 1930, 333）。施坦因毕舍尔教授（Theodor Steinbüchel）早在1936年就有著作，专论埃布纳对话哲学的意义（Steinbüchel 1966, bes. 73—77）。从卡斯培（Bernhard Casper）、海因策（Eva-Maria Heinze）等的对话哲学史论著述里，也能清楚地看到关于埃布纳的专章（Casper 2002, 194—257; Heinze 2011, 67—85）。但是，就谱系里的地位而言，埃布纳无论生前死后，都远不及布伯。低微平凡的人生，也和布伯形成鲜明对比。

埃布纳的代表作，首推1921年出版的《词和精神现实：灵论的断片》（*Das Wort und die geistigen Realitäten. Pneumatologische*

Fragmente）。一共包含十八个断片——但不是一般那种短小精悍的断片，如尼采《朝霞》又或者弗·施莱格尔《断片集》，它们更像是一篇篇独立的文章。其中有些断片，也确实是由一些"小"断片构成，但这些"小"断片通常都并不很小。埃布纳1919年春便已完稿，由海克尔（Theodor Haecker）推荐费克尔（Ludwig von Ficker）。费克尔先是在主编的杂志《烧火的人》（*Der Brenner*）上，发表其中六个断片。断片第16，发表在第6卷第1期，题为《断片：论魏宁格》（*Fragment über Weiniger*），1919年10月出版（Ebner 1919a，28—47）。断片第18，发表在第6卷第2期，题为《文化和基督教》（*Kultur und Christentum*），1919年12月出版（Ebner 1919b，141—160）。断片第1、第2合在一起，发表在第6卷第4期，题为《词和精神现实》（*Das Wort und die geistigen Realitäten*），1920年4月出版（Ebner 1919c，241—251）。断片第3，发表在第6卷第5期，题为《词和成为人》（*Wort und Menschwerdung*），1920年6月出版（Ebner 1919d，324—335）。断片第8，发表在第6卷第6期，题为《语言的原始词》（*Das Urwort der Sprache*），1920年8月出版（Ebner 1919e，437—441）。需要提到的是，第6卷第3期（1920年2月出版）、第10期（1921年6月），还刊发了埃布纳的其他文章。著作原本有希望于1921年5月出版，新书通告都已发出。但最终出版的时间是1921年9月底，出版社正是"烧火的人"出版社（Brenner-Verlag），同样也是费克尔主持。

"烧火的人"出版社当时具有一定的影响力，其所推出的重要书籍首推黑克尔（Theodor Haecker）翻译的克尔凯郭尔著作。黑克尔翻译的克尔凯郭尔，对于德语地区克尔凯郭尔热的形成起到了至关重要的作用。杂志《烧火的人》也经常刊登黑克尔的文章，以及黑克尔翻译的克尔凯郭尔。它像当时其他许多刊物一样，也聚集了一批志同道合者。按照德语学界的说法，便是"烧火的人"圈子（Brenner-Kreis）。这个圈子的成员，除了主编费克尔，主要有黑克尔和达拉哥。达拉哥的诸多著作，包括他翻译的《道德经》，也是由"烧火的人"出版。当然,他翻译的《道德经》在出版之前，已由杂志《烧火的人》刊发。埃布纳很清楚地知道，布伯在《我和你》一书出版以后，曾把书赠给达拉哥（Ebner 1963 II，1096）。布伯1922年12月9日写给哥加滕（Friedrich Gogarten）的信也清楚地表明，布伯对这个圈子比较感兴趣，愿意同他们交往——除了对黑克尔抱有一点保留意见（Buber 1973，144）。不过，这些目前可以掌握到的证据只能表明，布伯在1922年及之后,对"烧火的人"圈子大概有一定的了解。之前的情况到底怎样，并没有确凿的信息可供参考。

布伯曾说，他是在撰写《我和你》第三个部分的时候，读到了"埃布纳的那些断片"。他还解释说,"我最先是看到某一期《烧火的人》发表的一些东西，然后我就让把那本书寄给我"。埃布纳的书，让布伯感觉到"一种莫可名状的近"（Buber 1962 I，298）。这些话表明，布伯在写作《我和你》的时候就已经读到了埃布纳的书。当埃布纳读到《我和你》的时候，他觉得布伯很有可能读过他的书（Ebner 1963 II，1096）。很显然，他的感觉是对的。既然《我和你》完稿，按照布伯本人的回忆是在1922年春天，那么就有理由推断认为，布伯最晚在1922年初，就读到了埃布纳的《词和精神现实：灵论的断片》。至于布伯有没有可能在更早的时候就已经在关注《烧火的人》杂志，他是不是及时地读到了埃布纳的文章，甚至是不是及时地读到《词和精神现实：灵论的断片》那本书等问题，只能保持沉默。就此而言，霍尔维茨教授有些推断（Horwitz 1978，172），恐怕是不能成立的。但霍尔维茨的判断，仍然是可以成立的。联想到布伯"宗教之为眼前"讲座内容与《我和你》之间的那些差别，没有理由不对埃布纳给布伯带来的那种"近"，又或者埃布纳本人同样也感觉到的那种"近"（Ebner 1963 II，1096），予以足够的重视。

断片第1明确地说，透过"我和你的关系"（das Verhältnis des Ichs zum Du）这种关系形式，"人和神的关联就得到了体现"（findet die Beziehung des Menschen zu Gott ihren Ausdruck），这种形式是"与神之间的关系的基本形式和原始形式"。"在我们的精神生活的最终根基那里，神就是人里面那个真正的我的真正的你"（ist Gott das wahre Du des wahren Ichs im Menschen）（Ebner 1963 I，86；Ebner 1919c，243）。断片第2明确地说，"既然与神之间的关系是且应当是一种人格性的关系，那么就只能理解为我和你的关系，只能理解为通常在讲语法的时候所说的那种第一人称与第二人称的关系"。"我和你的关系"，就是"说话的人与被招呼的人之间的关系（das der „sprechenden" zur „angesprochenen Person")"（Ebner 1963 I，95；Ebner 1919c，251）。不难看出，埃布纳这般清晰表述的思想，也正是布伯《我和你》的核心观点。

当蒂利希又或者戈尔维策（Helmut Gollwitzer）盛赞布伯，赞美布伯对德国新教神学所产生的影响和所做出的贡献的时候（Tillich 1952，38；Bloch und Gordon 1983，405），他们都没有想到布伯的思想在根源处还得益于德语地区的天主教。这不啻是一场奇特的旅行。基督教的思想，经过一位犹太思想家，又重新回到基督教。迂回的旅行，其实是思想流动的历史长河里最美妙的故事形态。无需过分地替埃布纳惋惜，他的光芒从来都没有消逝。我们的眼睛看到了他，这是我们的幸运。与此同时必须要指出的是，布伯固然从埃布纳那里受益良多，但布伯《我和你》仍然表现出鲜明的属于布伯自己的思想内容和语言风格。埃布纳的"我和你"带有明显的"个人"痕迹，承续着克尔凯郭尔的思想。按照霍尔维茨教授的说法，埃布纳"像大多数生存派的思想家一样，在人和自然之间作了一种明确的区分"，并且"对生活的社会性层面毫无兴趣"，布伯则使"我和你"的思想，同时也面向具体的现实生活和世界（Horwitz 1978，181）。《我和你》的这种内容和风格，也表明布伯之所以能够受益于埃布纳，恰因为他在那之前已然做好了准备，已走在通向"我和你"思想的道路上。借用一句蒂利希的话来说，"外人的切实影响也只是由于他自己的演进已成熟到了可以将其吸收的地步"（蒂利希2011，277）。

感谢瞿旭彤兄、经敏华女士自德国海德堡惠赠《我和你》1923年版，感谢马千惠同学从美国加州惠予《我和你》1936年版。感谢北京后浪出版公司的张鹏兄、陆炎兄。2013年暑假访问德国特里尔大学叔斯勒教授（Werner Schüßler）期间，我开始对布伯产生一定的兴趣。若非张鹏、陆炎二兄的热情提议和督促，我恐怕没有勇气和信心来做这件事情。感谢香港道风汉语基督教文化研究所和道风书社，感谢杨熙楠先生、林子淳兄、殷子俊兄的支持与鼓励。今年春天，我陷入一种莫名的懈怠。仿如但丁所说，不知不觉地"走进了一座阴暗的森林"。感谢他们，我重新抖擞精神。笔力不逮之处，敬请读者诸君批评指正。

原文没有注释、参考文献，相关注释、文献尽皆译者所加。还需说明者如下：

①小括号的内容，如是德语，或注明"按"，则为译者所加。

②中括号的内容，都是译者所加。

③双引号的内容，如是楷体，则双引号系原文所有。擅自添加许多（甚至太多！）双引号，主要是想以这种形式对布伯的有特别意味的用语予以突出。

④惊叹号，除有说明以外，都是译者所加。

⑤原文标点符号不拘一格，基本上一仍如旧。

⑥原文字句，倘自觉意译、直译过甚，将在注释中予以说明。

译者谨识

2016年7月11日清晨

第一部分

1

世界，对人来说有两重。因为人的态度有两重。^①　　　　　　（3）

人的态度有两重。因为人能说的基本词有两重。

基本词不是单个的词，而都是一对词。

一个基本词是"我—你"（Ich-Du）这一对词。

另一个基本词是"我—它"（Ich-Es）这一对词。把当中的"它"换成"他"或者"她"，这个基本词的意思不会受到影响。

所以，人的"我"也有两重。

毕竟，基本词"我—你"里的"我"，基本词"我—它"里的"我"，是不一样的。

2^②

基本词并不是把大概已然在基本词之外存续的某个东西讲出来。[反倒是，]基本词被说了，就缔造了一个存续。^③

---

① 所谓"重"，或可理解为"褶皱"。Martin Leiner 指出，既是两层褶皱，就不是截然无涉的两个领域，而是像衣服上的两层褶皱那样会联动（Leiner 2005, 61）。也可看看第 1 部分第 21 节的内容——"它是蛹，你是蝶。哪里能够分得清楚，经常纠缠在一起，成其为两重"。

② 旧版的第 1 部分第 2 节，本来还有第一段话，新版时删去。那段话是：Grundworte bedeuten nicht Dinge, sondern Verhältnisse，或可译作"[两个]基本词所解释的，不是事物，而是关系"。

③ 原文 Gesprochen stiften sie einen Bestand。Jochanan Bloch 认为，《我和你》的希伯来译本，或有参考价值。希伯来译本由 Zvi Woisslawski 完成，经过布伯审订。他介绍说，Woisslawski 把这句话译为 amiratam mekajmetam，翻译回来大致就是 Ihr Sprechen läßt sie bestehen oder hält sie im Bestehen，即"把基本词说出来，就把基本词立住了"（Bloch 1977, 289）。笔者不通希伯来语，但希伯来译本这句话如果确实是这个意思，也未必准确。布伯的文章 Das Wort, das gesprochen wird，虽然是后来写的，其中有些观点恐怕与《我和你》也相通。布伯在那里谈到，语言有

基本词是用生命说的。[①]

说了"你","我—你"这一对词的"我"就也一起说了。

说了"它","我—它"这一对词的"我"就也一起说了。

"我—你"这个基本词只能用整个的生命说。

"我—它"这个基本词不可能用整个的生命说。

3

（4） 哪有什么自在的我，只有基本词"我—你"的"我"，基本词"我—它"的"我"。

当人在说"我"的时候，就是在说那两个"我"里的一个。

当人在说"我"的时候，其所想到的那个"我"就在这里。

就算说的是"你"或者"他"，总还是有一个"我"在这里，或属于其中的一个基本词，或属于其中的另一个基本词。

有"我"[②]、说"我"，其实是一回事。说"我"、说的是 [那两个] 基本词里的某一个"我"，也是一回事。

谁说了一个基本词，就走进了那个词，站在那里。

三种存在方式（Seinsweise），分别是 präsenter Bestand、potentialer Besitz、aktuelles Begebnis。其中，präsenter Bestand 指某个语言地区在一定时间范围里通常在说话时所用到的那些字词句的总量，potentialer Besitz 指某个语言地区在说话时可以用到的字词句总量，过去某个时期使用的字词句在适当的时候也是可以用的（Buber 1962 I，442; Siegfried 2010, 229）。由此可知，布伯这里讲基本词缔造了一个存续（或存量），有较为深长的意味。或还可参看第 3 部分第 7 节——"所谓联系，原是在我、你之间缔造的"（zwischen denen [sic.: das Ich und das Du] sie [sic.: Beziehung] gestiftet ist）。

① 译文当中的"生命"，均是 Wesen。若依通常的译法，往往可作"本质"。

② Ich sein. 译作"是我""有我"，均可。史密斯译本作 The existence of Ich，考夫曼译本作 Being I。这里译作"有我"。

4

人之为生命（Menschenwesen），其生活并不就是一揽子及物动词。并不就是一些要以什么为对象的具体活动。我注意到了什么。我感觉到了什么。我想到了什么。我想要什么。我觉察到了什么。我在思考什么。所有这些，又或者诸如此类的东西，并不就是人成其为人的那种生活。

所有这些，又或者诸如此类的东西，建造起来的是一个"它"的王国。

至于"你"的王国，则有另外的依托。

5

谁说了"你"，谁就没有在把什么东西当成对象。所谓有什么东西在，往往意味着还有别的什么东西在，每一个"它"都挨着另一个"它"，之所以有"它"，就是由于"它"挨着别的一些东西。但哪里说的是"你"，那里就并不是有什么东西在。"你"不挨着谁。

谁说了"你"，谁就并没有什么，什么都没有。但是，［那个谁］已站在联系里。[①]　　　　　　　　　　　　　　　　　　　　　　　　　　　　（5）

6

有人说，人在感受人的世界。[②]此话怎讲？人在事物的表面滑

---

① Aber er steht in der Beziehung，可译作"但他已身在联系之中"。为与第 1 部分第 3 节最后一句"谁说了一个基本词，就走进了那个词，站在那里"相对，便直译为"站在联系里"。

② erfahren，这里多译作"感受"，这个动词对应的名词 Erfahrungen，亦复如是。

行、感受。①人就是这样对事物的性质有了认识，有了感受。人在感受事物具有的东西。

但把世界带给人的，并非只有感受。

感受带给人的，只是一个尽是"它""它""它"，尽是"他""他""她""她""它"的世界。

我在感受什么东西。

哪怕在"外面"的感受之外，再加上"里面"的感受，也不会有什么不一样，还是断不了，人这个种类总是愿意对死亡的奥秘避而不谈。里面的事物像外面的事物，不过是事物当中的又一种事物而已！

我在感受什么东西。

哪怕在"公开"的感受之外，再加上"秘密"的感受，还是不会有什么不一样，那是自鸣得意的智慧。在事物里面发现了深藏的东西，却只许加入的人知道，把钥匙摆来弄去！噢，没有了奥秘，还谈什么保密！噢，故弄玄虚！都是"它""它""它"！

（6）　　进行感受的人，并没有深入到世界里。所谓感受，都是"在他的里面"，并非在他与世界之间。

世界也没有深入到感受里。世界被感受了，但没有被在意。世界并没有做什么事情以被在意，当然就遇不上谁在意它。

---

① 文字游戏。感受是 erfahren，滑行是 befahren。

7

［一个］作为感受的世界，属于基本词"我—它"。基本词"我—你"，则缔造了［一个］联系的世界。

8

联系的世界，涉及三个疆域。

第一个：自然的生活。联系在黑暗中回响，不能说话交流。造物在我们面前游来晃去，却没有能力走到我们身边，我们对它们"说你"（Dusagen），说话却是［它们］的一道门槛。

第二个：人的生活。联系是公开的，可以说话交流。我们送出一个"你"，接受一个"你"。①

第三个：灵性的生命性层面的东西②的生活。联系藏在云里，但能露出来，不说话，但能让人说话。我们没瞧见有"你"，却觉察到有谁在喊我们，然后我们就回答了——我们创作，我们思考，我们做事情。我们用我们的生命把基本词说了出来，不可能是我们的嘴说"你"。

我们怎么做才能把不说话的东西带到基本词的世界里？ (7)

在每个疆域，我们透过每个出现在我们眼前的东西都看到了永恒的"你"的衣摆，我们从每个东西里都感到永恒的"你"在飘动，

---

① 送出一个"你"（das Du geben），指向别人说"你"。接受一个"你"（das Du empfangen），指别人对我说"你"。

② geistige Wesenheiten 或可译作"灵界"，英译本作 spiritual beings。据第 1 部分第 16 节可知，布伯似乎更在意 Wesenheit 之与 Gegenständlichkeit 相对的意味，这里试译作"生命性层面的东西"（而与"对象性层面的东西"相对）。

我们所说的每个"你"都是在说永恒的"你",每个疆域各有各的方式。

9

我考察一棵树。

我可以想到一幅画:阳光直射,树木岿然,或者温润的蓝天白云底下,一捧绿意。

我可以体会运动:黏着的树干,导管里奔流不息。树根汲取,树叶吞吐,与土壤、空气无穷尽地交通——还有那暗处的生长。

我可以归类到某一科目,当作样本,考察它的构造、生活方式。

我可以忽视它的这个特别的样子,那般刻意地忽视,以至于我会认为它只是体现了某个规律——或是关于各种力量总在角逐,于是力量之间总要分出高低的规律,或是关于具体的成分时而混合又时而离析的规律。

我可以把它消解成数字,变成纯粹的数字比例。

无论以上何种[考察],这棵树都是我的对象,有它的位置、时间期限,有它的方式、性质。

但观察也可以这样发生,这可是需要意志和恩泽的:我在考察这棵树的时候,被带了进去,同它形成了联系,这棵树便不再是"它"。一股"一对一"(Ausschließlichkeit)的力量,把我逮住了。

这并不意味着我需要放弃某种考察方式。没有什么东西是我为了能够看到一点什么而一定要不看的,没有什么知识是我该遗忘的。以上种种,画、运动、科目、样本,规律、数字,这时已

(8)

融到一起，哪里分得出彼此。

树的一切这时已融到一起，树的形状、树的力学，树的颜色、树的化学，树与地里的养分会谈，树与天上的星星会谈。［树里］的一切成了一个整体。

树不是印象，不是我的表象游戏，不是一种在调节情绪方面有用处的东西。它在我面前现身（leiben），同我来往，我也同它来往，只是来往的方式不太一样。

别把联系的真谛弄得索然无味。联系是相互的。

这棵树会不会也有意识，像我们的意识那样？这件事情，我反正没有感受。然而你们，难道就因为你们觉得你们能行，就要把不能拆卸成块的东西拆卸成一块块？我遇见的，不是树的魂，不是树的"精"，而就是树。①

10

我站在一个人面前，这人就是我的"你"，我向这人说了基本词"我—你"，这人就不是众多事物里的又一个事物，也不是由事物组成。

这人不是某一个"他"或"她"，不挨着另一个"他"或"她"，不是时空世界网络的一个小小节点；这人不是某个性质可以感受和描述，不是一群七零八碎的有名头的属性。这人是"你"，没有邻居，没有空隙，覆盖了天空。并非什么都没有只有这个人，而是：

（9）

---

① 魂（Seele）即灵魂。精（Dryade）即Dryades，原指希腊人所说的橡树的"精"，复数（橡树是Drys，词干是Dryd-），阴性，后来也常用指一般意义上的树"精"（Hard 2004, 210）。

其他所有东西都活在他的光里。

音符与音符组合并不就是旋律，词与词组合并不就是诗句，线条与线条组合并不就是圆柱，总要削削减减，才能错落有致，我对之说出了"你"的这人，也是一样。从这人身上，我可以取出头发的颜色，说话的颜色，甚至品德的颜色，这样的事情我一定可以一直做下去；但这人不再是"你"了。

不是祷告要听时间的安排，倒是时间要听祷告的安排。不是祭祀听场地的安排，倒是场地要听祭祀的安排。顺序弄反了，事情就会弄糟。我对之说出了"你"的这人，我就不要想应该在什么时间什么地点。我确实可以把这人摆来摆去，这样的事情我一定可以一直做下去，但这人就只是一个"他""她"或"它"，不再是我的"你"。

只要我上面完全就是"你"的天空，那么，原因的旋风将在我脚后停住，灾难的漩涡将变成泥块。[①]

我对这人说"你"，就不是在感受这个人。我站在与这人的联系里，站在神圣的基本词里。只有退出了联系，我才会来感受这人。所谓感受，就是"你"已远去（Du-Ferne）。

联系是能够存续的，哪怕我对之说出了"你"的这人还停在他的感受里〔但并没有站在同我的联系里〕。毕竟，"你"总是多于"它"所知道的。"你"做了更多，"你"遇上了更多的东西，多于"它"所知道的。谎言到不了这里；这里是真实生活的摇篮。

（10）

---

① 诗意的表述，旋风竟能告别转动，漩涡竟能告别液态！

11

艺术的永恒起源是：形象浮现在一个人的面前，要通过这人成为作品。绝不是这人的灵魂自受成胎，[①] 而是幽影浮现在灵魂里，盼灵魂调动起进行作用的能量。关键在于人的生命活动(Wesenstat)：[②] 人使生命活动运行，用人的生命把基本词，向那幽影般显现的形象说出，然后，进行作用的能量奔腾流动，作品便出现了。

活动，需要供品，也需要冒险。供品：无穷尽的可能性倒在形象的供桌上；原本嬉戏跳跃在远景里的一切，都被剔除，作品里面一个都没有保留；作品要的，是和面前的东西一对一。冒险：基本词只有用整个生命才能说出来；谁走到了这个地步，谁就别想保留自己的什么东西；作品像树、人，不能忍受"我"，因此拐进到惬意的"它"的世界。作品是暴烈的——要是"我"做得不够好，它就碎掉，或者把"我"弄碎。

浮现在我对面的形象，我不可能感受、不可能描述；只能使它成真（ verwirklichen ）。然而借助面前这个东西的光辉，相比于看我感受到的世界里所有清楚的东西，我看它要更加清楚。它不是众多"里面"的事物当中的又一个事物，它不是"想象"的产物，它是一个就在眼前的东西。从"对象性"角度看，那形象还真不算"在这里"；但还有什么东西，比它更真切地就在眼前？这就是真实的 (11)

---

① keine Ausgeburt seiner Seele, 直译则是"不是这人的灵魂生产的怪胎"。所谓怪胎(Ausgeburt)，想必是指灵魂单靠自身进行生产，故译作"自受成胎"。
② 生命活动是 Rudolf Eucken 的重要概念，在他那里关联着"某种普适的生活价值"(Eucken 1888, 433)。

联系，我就站在与那形象的联系里。它对我进行作用，我也对它进行作用。

创作是造化［形象］，虚构是找到［形象］，塑造是发现［形象］。所谓［使形象］成真，就是指我［把形象］揭开。我把形象送过去——送进"它"的世界。创作出来的作品，已然是众多事物当中的又一个事物，作为一堆属性的集合，它可以感受、可以描述。但在［静静］接受的观赏者面前，有时候它还真就浮现了。

12

—— ［甲：］关于"你"，到底感受到了什么？

—— ［乙：］没有感受到什么。因为感受不到。

—— ［甲：］关于"你"，到底可以知道什么？

—— ［乙：］只是什么都知道。因为不再知道具体的什么。

13

我遇见"你"全靠恩泽——倘一味地找，恐怕不能找到。但所谓我向谁说了基本词，这其实是我生命在动，是我生命活动在动。

我遇见"你"。我走进了与"你"的直接联系里。联系，是被拣选和拣选的合一，被动和主动的合一。主动，既然是整个的生命的一个主动，就不再是一个个的小动作，不再是一个个的动作感触，归根结底还是出自局限性的动作感触，而已然与被动很相似了。

(12) 　基本词"我—你"只能用整个的生命说。召集，向着整个的生命融化，当然不能只是靠"我"，但也不能没有"我"。挨着"你"，就有了"我"。"我"在成为"我"的时候说出了"你"。

所有的真实生活，都是相遇。

14

同"你"的联系是直接的。我和"你"之间没有概念性，不用预先知道什么，无需借助幻想；就连记忆也焕然一新，摆脱了孤零零的状态，进入完整。我和"你"之间没有目的，没有贪欲，不用预先做些什么。就连渴望也焕然一新，摆脱了梦想的状态，进入显现。所有的手段都是阻碍。只有所有手段被打掉，才会发生相遇。

15

与联系的直接性相比，所有间接的东西都不重要。我的"你"究竟早就是别人的"我"的"它"（"普遍感受的客体"），抑或现在才能够——由于我的生命活动的作用——成为别人的"我"的"它"，这也不重要。真正的边界，一个不停游动、不断飘动的边界，并非一侧是感受、另一侧是感受不到，并非一侧是已有的东西、另一侧是未有的东西，也非一侧是存在的世界、另一侧是价值的世界，而是横穿那一侧是"你"、另一侧是"它"的整个区域。一侧是眼前，另一侧是对象。

16

眼前，可不是点一般的眼前，不是思想随意就能设定的一段"已 （13）

飞逝"的时间的终点,那是假象,好像飞逝真 ［在那个点］停滞了,眼前是真实的丰满的眼前,这样的眼前只会出现在有"眼前性"、有相遇、有联系的地方。只有"你"成了就在眼前的,才有眼前。

基本词"我—你"的那个"我",如果不是在某个"你"面前现身的"我",而是一个被繁多"内容"包裹的"我",那就只有过去,没有眼前。换句话说:一个人要是留恋其所感受、使用的那些事物,他就是活在过去里,这人的每个时刻都没有现在。这人拥有的只是对象;然而对象不外乎都是些早就有的东西。

眼前,不是瞬息飞逝、瞬息溜走的东西,而是就在对面等着的东西,就停在对面的东西。①对象,不是绵延,而是停顿、停止、中断、孤立、脱颖而出、"无联系",没有现在。

生命性层面的东西,在眼前活着。对象性层面的东西,活在过去里。

17

这种带有根本性质的两重性是无法克服的,哪怕引来"理念世界"作为第三方,作为高于对立的东西 ［也无济于事］。我所谈论的,毕竟是真实的人,是"你"和"我",是我们的生活、我们的世界,不是什么自在的我、自在的存在。对真实的人而言,所谓真正边界,连理念世界都要横穿。

当然,有些人还是留恋物的世界,惬意地感受、使用事物,

（14）

---

① 文字游戏,从名词 Gegenwart, 说到动词 gegenwarten。

他们盖一座理念的配楼，加一个理念的高层，虚无来袭时正好有藏身、歇息之地。紧要关头，就把平时的衣服脱下，穿上麻布衣裳，为了恢复元气，还要玄想原来存在的东西或应当存在的东西，哪怕他的生活根本就没有深入到那里面。这大概能让他们觉得舒服些。

但"它—人"（Es-Menschheit），这是有人想象［说有］、推定［会有］、鼓吹［要有］的，它与一个人对其真切地把"你"说了出来的那个现身的"人"没有任何共同点。杜撰，到了最华丽的程度，恐怕就是恋物了。喜欢杜撰，到了最崇高的程度，恐怕就是负担。理念并不端坐在我们头顶上方，也不住在我们头脑里；理念在我们底下浪荡，朝我们拥来；谁要是没有把基本词说出来，当然可悲，但要是把基本词说了出来，却化成概念或者口号，好像基本词就是这样，这恐怕就可怜了。

18

直接的联系，其之于面前的那个东西也是有所作用的，以下要谈三个例子，其中有一个例子就清晰地体现出了这一点：艺术的生命活动，规定着形象成为作品的过程。面前的东西由于相遇而变丰满了，由于相遇而进入物的世界，无穷尽地［在物的世界里］继续起作用，无穷尽地变成"它"，又无穷尽地重新变成"你"，带来欢喜，带来温暖。它"有肉身了"：①从没有空间、没有时间的"眼前"的洪流里直起身子，靠在"存续"的岸边。 （15）

---

① verkörpert sich，一般都译作［形象地］体现"、"［生动地］扮演"，参看第2部分第10节。这里从字面直译为"有肉身"，即形象变得丰满，不再是单纯的形式或幽影。

联系对"人—你"（Menschen-Du）也有所作用，只是没有那么清晰。在这里缔造了直接性的生命活动，通常都是从情感层面来理解，显然是误解了它啊！形而上意味的爱，心而上意味的爱，[①]当然夹带着情感，但情感并不就是爱；情感夹在爱里面，方式有很多。耶稣对被邪魔上身的人有情感，对那个心爱的门徒（按：指约翰）有情感，不一样的情感；但都是爱。情感是"被引发的"，爱则〔主动地〕发生。情感靠人活着；人却靠爱活着。不是隐喻，而是真实：爱绝非只有"我"而把"你"变成"内容"，变成对象；爱在"我"和"你"之间。谁要是不明白这，没有把这里的事情弄清楚，谁就不能算懂爱，兴许还会把体验到的情感，感受到的情感，甜美享受的情感，由衷流露的情感都当成是爱呢！爱是一种世界性的"作用"。谁站在爱的里面张望，〔其所张望看到的〕人们对他来说就是挣脱了庸碌俗事的；好人、坏人，聪明人、蠢人，漂亮人、丑人，对他来说就一个接一个地成为真实的，成为"你"，也就是说，他们摆脱了，走出来了，孤零零地出现在他面前；一对一的事情，一遍又一遍神奇上演——这样一来，他就能够进行作用了，能够帮忙、诊治，可以教导、鼓舞、解救。爱是一个"我"为一个"你"尽责任：爱的这一点，情感是没有的，而在这一点上，怀有爱的人全一样，无论最渺小的，还是最伟大的，无论是幸福地受着保护，一生只献给其所爱的那一个人的，还是终其一生都被钉在世界的十字架上的，只要能够并且敢于做这件可怕的事情：爱人们。

（16）

---

① metaphysisch、metapsychisch，分别由 physis、psyche 而来。既然可以用"形而上"译前者，便试以"心而上"译后者。

第三个例子，涉及造物，以及造物的直观，"作用"的意味深得像秘密。相信生命的魔力吧！为万物效力吧！你将看到造物们为之希冀、切望、"翘首以盼"的那个东西。只要是词，都会出错；但你要看清楚啊，那些生命就活在你身边！不管你朝什么地方走去，总会走到［你的］生命那里。

19

联系是相互。我的"你"对我进行作用，我也对我的"你"进行作用。我们的学生教育了我们，我们的作品陶冶了我们。"坏人"也可以有所启示，只要神圣的基本词抚摸了他。我们还能从孩子、从牲畜那里得到教育呢！我们妙不可言地活在洪流般奔腾的"所有都相互"之中。

20

——［甲：］你谈论爱，就好像那是人与人之间唯一的联系；你真的可以把爱当成例子举出来么，毕竟，还有恨这种事情哪？

——［乙：］只要爱还是"盲目的"，也就是说：只要爱还没有看见整个的生命，爱就没有达到真切地跟随联系的基本词的地步。恨从本性方面来说总是盲目的；遭恨的，只能是一个生命的一个部分。谁要是看见了整个的生命，还觉得讨厌，谁就不再在恨的王国里，而是在［可惜还］人为地带有一定局限的"能够说你"的王国里。有人遇上这样的事情，没办法向面前那个人，把那意味着对被呼唤的那个生命表示肯定的基本词说出来，所以，他要

(17)

17

么讨厌别人，要么讨厌自己：这是一道障碍，走进联系就会对他自己的相对性有所觉察，他的相对性消灭了，这障碍就也会消灭。

不过，直接怀着恨的人，要比无爱又无恨的人，离联系更近。

21

但我们的苦命有着一份崇高的忧郁，我们世界里的每一个"你"一定都会变成"它"。哪怕在直接的联系里，"你"曾是那样一对一地就在眼前：只要联系发挥出作用，或者有手段渗入联系，"你"就变成众多对象里的又一个对象，哪怕是最别致的一个，终究已是其中一个，有尺度有边界。作品之为成真，同时也是失真（Entwirklichung）。纯正的直观，其实太短暂；自然生命（Naturwesen）刚刚在秘密的相互作用中向我打开，就又成为可以描述可以拆卸可以归类的，成为多重规律圆圈的交集。爱也不可能停在直接的联系里；爱当然会延续，却是在活跃和沉寂之间往复。至于人，刚刚孤零零，刚刚没有什么性质了，刚刚不再是方便取用的而是就在眼前的，刚刚不是可以感受的而是可以抚摸的，就又成为一个"他"或"她"，

(18) 成为一堆属性的集合，成为一个有模有样的量。我又从这人身上取来头发的颜色，说话的颜色，或者品德的颜色；但只要我能做这样的事情，这人就不再是我的"你"，而且［一下子］还不会重新变回去。

世界里的每个"你"，依其本质难免都会成为物，或者说，难免一而再地重新落入物一般的状况之中。借用对象性的语言来说：世界里的每个事物，要么在成为物以前，要么在成为物以后，会在某个"我"面前显现为这个"我"的"你"。但对象性的语言所

能捉住的，只是真实生活的一个衣角。

"它"是蛹，"你"是蝶。哪里能够分得清楚，经常纠缠在一起，成其为两重。

22

开始之时就有联系。

不妨来看"土著"的语言。在那些民族里，对象少得可怜，生活主要靠一些特别看重眼前的活动，活动也很有限。它们的语言的细胞核，尽是单词句。[①] 这是有语法以前的原始句式，各式各样遣词造句只能是这种句式被炸开了以后。我们说："走得太远"，祖鲁人就是一个单词句，意思是"那里有人大声喊道：妈妈呀，我迷路了"；还有火地岛人，也要让我们的分析型智慧在他们那七音节的单词句面前败下阵来，确切的意思是，"两人面面相觑，都指望能有人来，把他们两个很想做却不能做的事情做了"。人称，包括人称名词，包括人称代词，也有这种整体性的特点，有点像浮雕，不具有经过修理以后的那种独立性。关键在于，这不是拆卸、揣摩以后的产物，而是原先的真正的统一，是那曾鲜活过的联系。 （19）

我们向我们遇见的人问好，有时是希望这人有好事，有时是想让这人知道我们有这份谦恭，有时是请上帝眷注这人。但这些从容无奇的套话（比如 Heil！，大概只在老早以前，才是指赐予力量吧），[②] 与黑人那句焕发着青春气息，很有身体感的问好"看到

---

① 所谓单词句（Satzworte），指一个词抵一句话。

② 希特勒上台后，Heil! 或者 Heil Hitler!，在德国竟然成了庄严的问候语。这恐怕是布伯始料

了啊！"相比，与黑人的问好在美洲的那个变化形式，那句好玩又雅致的问候"闻闻我吧！"相比，是何等地间接！

　　有人大概会想，联系、概念，甚至关于某些人、某些事情形成的看法，其实都来自联系过程、联系状态。就"自然人"而言，能让他们精神焕发的基本印象、基本刺激都是联系过程，[也就是说，]体验到面前有一个东西，又或者是联系的状态，[也就是说，]面前有一个东西与他们同在。月亮，只要晚上就能看到，他们不会多想什么，但要是在睡觉的时候，又或者在清醒的时候，月亮很有身体感地向他们走来，走到很近的地方，身姿让他们着迷，或者抚摸他们，使他们心有感触，有时酸楚，有时温馨。留在他们心里的，当然不是肉眼看到的那个移动的会发光的圆盘，也不是与移动的会发光存在一定渊源的精灵般的东西，月亮的作用已然只是像发动机那样，能把他们的身体发动起来的刺激图像，至于进行作用的月亮展现为一个人格图像，则是后来慢慢才有的事情：[也就是说，]关于但凡晚上就会被无意识地感觉到的那个东西的记忆开始燃烧，就设想[那个东西的]种种作用应该有一个施动者、载体，然后将之对象化，原是一个不能够感受到而只能够被动忍受的"你"，就是这样成了"他"或"她"。

　　既然所有根本的现象，开始的时候都有这种联系的特点，而且联系的特点还会继续作用很长时间，那么，土著的生活中便有一个在目前备受研究关注，却并没有被很好地把握的精神元素可

(20)

未及的。

以得到更好地理解了，那就是那极其奥秘的力量，谈论自然民族的信仰构成或者科学（在自然民族那里，这没什么区别）的文章，有些已经说到了它，或者叫玛那，或者叫奥伦达，①借助它，就能上路，走到梵（Brahman）本来的那个意思那里，②走到魔法莎草纸、使徒书信所说的大能（Dynamis）或恩典（Charis）那里。③它是一种超感觉，超自然的力量，［当然，所谓超感觉、超自然，］这是我们用的范畴，土著不会这样说。他们的世界有边界，牵动着他们产生一些很有身体感的体验，如死者极其"自然地"交流；要是把直接感觉不到的东西也被说成是很方便取用的，他们会觉得荒唐。所有基本的联系过程，也就是说，所有那些由于刺激他们的身体，在他们心里留下刺激图像，使他们有所感触的过程，就是那些他们认为源于"神秘的能力"（mystische Potenz）的现象。月亮、死者，深夜里回来找他们，让他们苦痛，让他们欢欣，［这样的月亮，这样的死人，］就具有那种能力，然而就连太阳，把他们晒得好像着火的太阳，或者动物，冲他吼叫的动物，或者他们的头人，眼神让他们感到局促的头人，还有巫师，用歌声为他们打猎壮行的巫师，也都有那种能力。玛那就是那［在这当中］进行作用的东西，那把

（21）

---

① 玛那（Mana）是太平洋诸岛土著所说的"魔力"，奥伦达（Orenda）是美洲印第安土著所说的"魔力"。

② 所谓梵本来的那个意思，是指梵作为力量，尤其是创造世界的力量。如《百道梵书》就说："信然，于初世界只是梵。它创造诸神；既创造诸神已，乃使之升于诸界"（转引自吴学国2006，38）。

③ 参看新约哥林多后书第12章第9节 καὶ εἴρηκέν μοι, Ἀρκεῖ σοι ἡ χάρις μου: ἡ γὰρ δύναμις ἐν ἀσθενείᾳ τελεῖται. ἥδιστα οὖν μᾶλλον καυχήσομαι ἐν ταῖς ἀσθενείαις μου, ἵνα ἐπισκηνώσῃ ἐπ᾽ ἐμὲ ἡ δύναμις τοῦ Χριστοῦ, 和合本新标准修订版译作："他对我说：'我的恩典够你用的，因为我的能力是在人的软弱上显得完全。'所以，我更喜欢夸自己的软弱，好叫基督的能力覆庇。"

高悬在天上的月亮人格变成让他们血流加速的"你"的东西，它留下了回忆的痕迹，便由刺激图像而有了对象图像，哪怕会由对象图像向作用的施动者、载体那里追溯；要是有谁掌握了它，比方说它就在一块神奇的石头里，那就能够用来这样进行作用。土著的"世界图像"确实是魔法般的，但这可不是因为人掌握的魔法力量是［这幅世界图像的］中心，而是因为人掌握的魔法力量不过是所有根本的作用都由之发源的那个普遍的魔法力量的小小体现。在他们的世界图像里，因果不是连续的［因果］，而是那能量在频繁地闪烁、发送、进行作用，宛然是火山般的运动，无连贯可言。玛那是很土著的抽象，也许比数字还要土著，但它和数字一样都不是什么超自然的东西。回忆总是要把事情整理得井井有条，它要给那些重要的联系事件，那些基本的震撼整理出一个线索；保全的本能觉得最为重要的，认识本能最感奇妙的，当然是那个"进行作用"的东西，它昂然登场，脱颖而出，俨然是自足的东西；那个不太重要，不太能够走向公共的东西，那个会跟随体验而变换的"你"，则缩了回去，失落地留在记忆里，慢慢地对象化了，慢慢地化身为群、化身为类；还出现了第三个东西，单独来看非常恐怖，有时甚至比死者、月亮还要惊悚，但它越来越不可抗拒地清晰起来，它就是［联系当中的］另一方，那"始终不变"的一方："我"。

(22)　　原先在那保全"自己"的本能还特别强大的时候，又或者原先在其他一些本能特别强大的时候，都谈不上有关于"我"的意识（按：意识到了"我"）；想要不断发育长大的，并非"我"，而是身体，身体哪里知道有什么"我"！想要制造东西、制造工具、制造玩具的，想要当"创始人"的，并非"我"，而是身体；在土著的认识功能里，倒是也有一种cognosco ergo sum（按：拉丁语，我懂故我在），[1]但就形态而言还相当稚嫩，就进行感受的主体所作的构思而言还相当幼稚。"我"真正登场，是在原始体验破损以后，是在生机勃勃的原始词即"我对你进行作用"（Ich-wirkend-Du）、"你对我进行作用"（Du-wirkend-Ich）破损以后，[也就是说，]是在这个分词名词化、独立化以后。[2]

23

两个基本词的基本区别，在土著的精神史里表现得很清楚。土著以一种如同自然般，好似处在"前"形象阶段的方式，在原初的联系过程里把基本词"我—你"说了出来。也就是说，土著当时还不知道"我"，而基本词"我—它"真的要成为可能，则是由于知道"我"，由于"我"已脱离。

第一个基本词，可以拆卸成"我""你"，但把这两个组合到一起并不能得出它，它是"前"我的；第二个基本词则就是把"我"和"它"组合到一起形成的，它是"后"我的。

在土著的联系事件里，已包含了"我"：毕竟是一对一。联系事件依其本质当然只有两方在活跃，一方是人，一方是人面前的东西，透过联系事件，世界已然成为二元系统，人已感觉到俯拾

（23）

皆是"我"，只是还没有想到这就是"我"。

不过，在自然般的情形里，在后来过渡成为基本词"我—它"，过渡成为与"我"有关联的感受的情形里，还没有包含"我"。这情形就是人的身体作为人各种感知的载体已从周围的世界里脱颖而出。身体透过自身这种独特的情状，对自身有了体会并进行区别，可所作出的区别仍然停于"在一起"的层次，还不曾有一个隐含的像"我"的东西（Ichhaftigkeit）。

但只要联系里的那个"我"走了出来，脱离了，开始生活，就会很奇怪地变得稀薄①并开始运转，进入到身体已从周围的世界里脱颖而出的那种自然般的状况，把那像"我"的东西唤醒。从这时起，便有了有意识的"我"活动，有了基本词"我—它"的第一个形态，有了与"我"有关联的感受的第一个形态：走出来的那个"我"已情知自己是各种感知的载体，至于周围，则已然是各种感知的对象。当然，形式还是有些"土著"，还没有到"认识论"的程度；但"我在看那棵树"这句话说了出来，就意味着他不是在说一种介于"人—我"和"树—你"之间的联系，而表明"树—对象"已被"人—意识"察觉到。也意味着他已在主、客体之间树起障碍。基本词"我—它"，[也就是说，]分离的词，被说了出来。

(24)　**24**

——［问：］那么，我们的苦命的忧郁难道是一种在原始时

---

① 变得稀薄（verdünnend），或与第1部分第27节所说的"变得浓稠"（verdichten sich）有相对立之意。

期就已经有了的忧郁吗？

——［答：］确实是那时候就已经有了的一种忧郁：毕竟，人的那种有意识的生活是一种在原始时期就已经有了的生活。但在有意识的生活当中，世界般的存在却是作为与人有关的生成重新回来的。精神在时间之中，显得像是自然产品，更确切地说，自然的副产品，但其实，精神已然没有时间地把自然裹住了。

两个基本词的对立，随时代、世界的不同而有许多名字；但就对立的没有名字的真理而言，自创世以后就有对立。

25

——［甲：］那么，你还相信在人类的原始时期有一个伊甸园吗？

——［乙：］那个伊甸园大概是地狱——我在进行历史思考的时候回到了那里，才知道那里原来尽是怒气、焦虑，尽是痛苦、冷酷——真的不是伊甸园。

原始人的相遇体验，也不是什么温暖愉悦的事情；但就算切实体验到的那个生命带来的是暴力，也比见不到面的电话号码传送幽灵般的关怀要好得多！前者开出的道路，通向上帝。后者开出的道路，只能通向虚无。

26

土著，既然他们的生活，哪怕我们真的能够真切地看到，只是像比喻一样把真正的原始人的生活展示给我们看，那么，透过土著，我们不过是对两个基本词时间架构得到了一点匆匆的知识而已。更确切的材料，我们恐怕还要到孩子那里找。

［两个］基本词的精神现实都发端于如自然般的现实，基本词"我—你"，来自那自然般的"紧紧结合"，基本词"我—它"，则来自那如自然般的"脱颖而出"，这一点我们现在已看得很清楚。

说到孩子，他在出生以前过的生活就是一种纯粹的自然般的紧紧结合，彼此滋润，身体方面相互作用；正在生成之中的生命的生活界面，就在怀着他的那个生命的生活界面之中，却也并不完全在其中，这真是非常特别；要知道，在母亲的子宫里，他可并不就是平静地待着。这种"紧紧结合"是如世界般的，所以犹太人的神话语言有一句话是这样说的，[1]听起来就像原始时期的碑铭文字被勉强读了出来，那就是：在人母的身体里人什么都知道，出生以后又全忘掉了。这种"紧紧结合"，是人在心底里所憧憬的。这可不是说人的渴望就等于往回张望，哪怕那些把精神同理智混为一谈，把精神看成大自然里面的寄生虫的人是这样以为的：其实，精神是大自然的花儿，可惜容易染上病痛。［人的］渴望所渴望的，是那破茧而已有精神的生命与他的那个真正的"你"之间形成一种如世界般的紧紧结合。

每个正在生成之中的"孩子般的人"，[2]像所有正在生成之中的

---

① 一般都认为犹太教没有神话而与希腊以及其他民族有别，布伯则认为犹太教有神话，甚至说神话是犹太教的生命。在他看来，犹太教的活力就表现在能够不断地重新生产出神话。
② Menschenkind 往往有特别的意味，指"人子""人之子"。布伯说 Menschenkind，是把原始时期的人比作孩子，故译作"孩子般的人"。之前那句"在人母的身体里人什么都知道"的"人母"（Menschenmutter），俨然与 Menschenkind 相对，为简便起见直接译作"人母"。

生命，平静地待在大母亲的子宫里：^①那是还没有出现分裂的"前"形象阶段的原始世界。走出那个世界以后，[人]便过上了有人格的生活，然而天黑之时，我们不能再过这种生活了（健康的人夜夜都是如此）（按：指睡眠），就又重新走近那个世界。但那种脱离，与脱离母亲身体并不一样，不是像劫难那样在突然之间发生；"孩子般的人"却有充足的时间，与世界之间那自然般的"紧紧结合"逐渐淡去，然后才是精神般的"紧紧结合"，也就是联系。从黑得发亮的混沌里走出来，走进清凉、明亮的造化里，但还没有拥有造化，一定要做到把造化接过来，使之成为真实，所以一定要仔细看、听、触摸、塑造他的世界。只有在相遇时，造化才会展示出形象性；造化不是可以等来的东西。它迎向要把握它的人。成了形的人觉得不过是普普通通的对象而已，正在成形的人则要费上许多的力气拿到手里；没有哪个事物会是某个感受的一个组成部分，任何事物想要开放自己，就得借助面前的东西的那种相互进行作用的能量。与土著一样，孩子也生活在这一次睡觉与下一次睡觉之间（就连一般人所说的清醒的时间，孩子也多半是在睡觉），生活在相遇的这一次闪光与下一次重新闪光之间。

联系的追求（Beziehungsstreben）的原初性，在最早、最暗哑的阶段已有体现。在能够察觉到有具体某个东西以前，眼神虽然模糊，却还是往模模糊糊的空间里看，哪怕遇上的是一个不明确的东西；在那些不必为果腹而操劳的时代里，手刻画出来的稚

---

① "大母亲"即die große Mutter。中国古人所说的大父母，或与之略有相通处。就希腊神话而言，可直接译作"地母"或者"大地女神"。

嫩的东西，从外形上来看应该是无目的的，却终究在向空空如也的空中摸索、抓挠，哪怕遇上的是不明确的东西。如果武断地以为这就是动物性的，则里面的意味恐怕没有弄清楚。那眼神，在经过长时间试探以后，会落到一块红色的花色地毯上不愿挪开，直到"红"的灵魂出现在跟前；绒毛玩具熊，竟也有生动的形式和确定性，竟也很可爱、难以忘怀的完备身躯，这当然也是那个运动造成的；说到这两个例子，其实都不是在感受某个对象，而都是——虽然是"幻想"使然——与面前某个鲜活地在进行作用的东西交往。（但这幻想，并不就是所有一切灵魂化；[1]不过是要把所有事物都转换成"你"的本能，要让"所有一切皆联系"的本能，要是面前并没有一个鲜活地在进行作用的东西，只有这样一个东西的摹本或象征，那种本能就从自己的丰富里面给出鲜活地在进行作用的东西以作弥补。）声音在还零碎不成语的时候，不过是无意义地反复哼哼；可总有一天，在事先没有想到的情况下，声音会发展成为谈话——跟什么谈？也许，是同正烧着开水的茶壶谈，然而毕竟是谈话了。有些动作，如反射，恰是人在搭"世界"房屋时使用的好工具。并非孩子在觉察到了某个对象以后同这个对象形成了联系，[相反，]联系的追求是最先有的东西，它是向上拱起来的手，面前的东西便贴了过来；与面前的东西形成联系，[此乃]"说你"的一种还没有词的"前"形态，不过是接着才出现的东西；"成为物"则是更往后才会出现的事情，是在原始体验破损，

（27）

---

[1] Allbeseelung，或作"万有皆灵""泛灵"。Beseelung，以下均译作"灵魂化"。

"紧紧结合"的两方出现分离以后——"成为我"也一样。开始之时就有联系：联系是生命的范畴，是"已准备好"，是进行把握的形式，是灵魂模型；联系的那个在先的东西；[那就是]原先就有的"你"。

体验到的那些联系，其实是原先就有的那个"你"成其为遇到的东西而得以落实；既然是遇到的东西，便能够把握为面前的东西，纳入一对一之中，最终用基本词来招呼，然而根源是在联系的那个在先的东西（按：指原来就有的那个"你"）那里。

接触的本能（首先是要触摸另外一个东西，然后是要用眼睛"抚摸"另外一个东西），原先就有的那个"你"迅速借来进行作用，于是接触的本能越来越明确地有相互之意，有"温柔"之意；哪怕是晚些时候才发展出来的创始人的本能（要走综合型的道路把事物造出来，当然，要是走不通，就走分析型的道路：拆卸、撕扯），造出来的东西也会"人格化"，[同造出来的东西之间]有了"谈话"。孩子的灵魂的发展，同对"你"怀有的渴望的发展密不可分，同这渴望的满足与失落密不可分，同孩子试验时的游戏态度、不知所措时的哀婉的认真态度密不可分。有些人愿意把这些现象带回到更狭隘的领域，所以，要把这些现象理解好，在考察、探讨这些现象的时候，就一定要关注这些现象的宇宙—元宇宙式的起源：[1]关注从还没有分明的"前"形象阶段的原始世界向外所作的爬伸，确实，降临到世界上的肉身个体，已从原始世界里完完全全走出来，

(28)

---

[1] kosmisch-metakosmischen Ursprungs, metakosmisch 是 Otto Liebmann 的一个重要概念，关联着先验层面的构造，与"经验宇宙"相对（Otto Liebmann 1876, 223）。

但他还不是有身体感的个体，不是活跃的个体，不是生命，只能通过进入联系，才可以从原始世界里慢慢发展出这样的个体。

27

（29）借助"你"，人成为"我"。面前的东西来了又消失，联系事件变得浓稠又消散，如此变换，一次又一次，不断积累。便有了这样的意识，意识到有一方始终不变，那就是"我"意识。[1]在联系的网络里，在与"你"的关联里，它（按："我"意识）仍然一直被看成是［这样的一个东西，］一个在渴望"你"，但很显然并非"你"的东西，但它向外冲撞得越来越强有力，终于有一次，它冲破了编结的东西！在那一瞬间，"我"同自己面对面站着，面前便是那个已脱离了的"我"，就好像面前站着的是一个"你"一样，［然而］很迅速地，"我"就找回了自己，之后在进入联系的时候，就都带着意识的了。

另一个基本词的出现，也只会是在这个时候。联系里的那个"你"每次都会散去，但不像后来那样，不会变成"我"的"它"，不会变成某个并不在紧紧结合之中的感觉或感受的对象，而是好像变成一个自为的"它"，变成一个根本不会被注意到的东西，等候着在新的联系事件里重新复苏。肉身尽管已经成熟为身体，成为各种感觉的载体，成为各种推动机制的发动者，从周围世界脱颖而出，却不过是［和周围世界］并排，走在自己的路上而已，"我"、

---

① 参看第1部分第22节"［联系当中的］另一方，即始终不变的一方：我"。

对象并没有截然分开。可现在，出现了已脱离的"我"，情况就不一样了：原先是丰满的实体性的东西，现在干瘪成功能性的如同点一般的东西，它属于进行感受和使用的主体，直奔"自为的它"而去，捉住"自为的它"以后，就与之组合形成另一个基本词。那个已经成为像"我"一样的人，[也就是说，] 那个说着"我—它"的人，只是立在事物的前面，还谈不上是在事物前面，谈不上与事物同在相互作用的河流里；通过旋转物镜，操作显微镜，低头近观具体的东西，或者操作望远镜，远观具体的东西，都是把事物取成景，前者是一种隔离式的考察，却没有 [这里所说的那种] 一对一，后者是一种结合式的考察，却没有世界感——前者是只有在联系中才能做的事情，后者是只有从联系出发才能做的事情。现在，他终于把事物感受为一堆属性的集合：这些属性来自一次又一次联系的体验，联系体验里的那个会被回想起的"你"则留在记忆里，现在对他来说，事物就是由这些属性构成的；只有对联系进行记忆，[记忆] 可以是做梦，可以是图像，也可以是思想，取决于这人是怎样的一个人，才能让在"你"的里面非常强烈，包含着所有的属性又把所有属性启示出来的那个核心，[也就是] 实体，变得更加完整。[①]但现在，他把事物放进有空间、有时间、有原因的架构里，现在每个事物都有位置、路线，有可丈量性、条件性。"你"虽然也在空间里显现，但那是与面前的东西一对一的空间，[也就是说，] 其他一切只是背景而"你"从这背景里走上来，其他一切不可能

---

① ergänzen。史密斯译本作 enlarge，考夫曼译本作 supplement。作者很有可能是将 ergänzen 同 ganz 关联起来使用，故译作"让……变得更加完整"。或可参看第 2 部分第 6 节。

是这个"你"的边界或尺度;"你"虽然也在时间里显现,但那是已充满了的过程的时间,那个过程不是一个不断向前,可以被切割的"前后连续"的片段,而就真切地在这一"片刻",这"片刻"的强度之维只有从该过程着手才能够被规定;"你"表现为既在进行作用,同时又接受作用,却绝不会连到因果的链条上,而是凭着与"我"之间的相互作用,成其为这里所发生的事情的起点和终点。在人的世界里,基本真理是:只有"它"是可以被安排的。事物只有从我们的"你"变成我们的"它",才成其为可以被放进坐标里的。"你",与坐标系统无涉。

(31)　　我们既然已进展到了这样的地步,就有必要把另一个基本词也说出来,要是没那另一个基本词,刚才那一片基本真理将不过是全无半点用处的碎片:[也就是说,]有秩序的世界不是世界秩序。根基(Grund)从来都默不出声,却总会有那么一些时刻,可以把世界秩序看见,[那些时刻因此便]可谓"眼前"。这时,又总有音符随风飘来,来自有秩序的世界,[有秩序的世界是]一张谁也听不懂的乐谱。那些时刻真是不朽的,那些时刻却又流逝得最快:而且不留下任何内容,但那些时刻的能量流进造化里,流进人的认识里,这能量的光芒照进有秩序的世界,每次都能把有秩序的世界熔化!个体的历史是这样,人类的历史也是这样。

28

　　世界,对人来说有两重。因为人的态度有两重。

　　人,对身边的存在有觉察,尽是事物,还有那些作为事物的生命。人，对身边发生的事情有觉察，尽是过程，还有那些作为过程的行动。事物由诸多属性构成，过程由诸多环节构成。事物在空间网络里，过程在时间网络里。事物、过程全都紧挨着别的事物、过程，全都可以用别的事物、过程测量，全都可以与别的事物、过程进行比较。这就是有秩序的世界，一个被分割［得很清楚］的世界。在一定意义上，这世界真是可靠的，有密度、有绵延，它的内部划分很容易看得清楚，［而且］只要取它，就总能取得到，不妨闭上眼睛默念它，然后再睁开眼睛试试；还是在那里！它贴着你的肌肤，如果你把它捧到手里。它还会留在你的灵魂里，如果你喜欢这样。它是你的对象，只要你喜欢，它会一直是。对你来说它本来是相当相当陌生的，在你外面是那样，在你里面也是那样。你对它有所觉察，你把它当成"真理"，它让你这样［把它当成真理］，不过，它并没有把它自己交给你。你只能够与其他人一起"懂"它，它早已做好准备，要成为你们共有的对象，才不管你们每个人对待它的方式是不是不一样呢。然而，在它那里，你不可能遇见别人。没有它，你就不可能还继续活着，它的可靠支持着你，但如果你死在它那里，你大概就等着埋进虚无里吧。

（32）

　　或者，人同存在相遇、同生成相遇，遇见了面前的东西，这种相遇从来都只是生命性层面的东西，相遇的每个事物都只是生命性层面的东西；在那里存在的东西，透过所发生的事情向他开放，在那里发生的事情，作为存在同他遇上；真切地就在眼前的，就是这生命性层面的东西，但这生命性层面的东西是如世界般的；

尺度、比较，已不翼而飞；这不可丈量的东西对你来说究竟有多大程度的真实，完全取决于你！把这些相遇按秩序排好，并不能得出一个世界，但每次相遇，对你来说都是世界秩序的一个记号。这些相遇，彼此间并不会紧紧结合，但每次相遇都能保证你与世界紧紧结合。这般显现给了你的世界，真是不可靠的，毕竟，它显现给你的样子每次都是新的，你甚至都不能用词把它装走；它没有密度，任何东西都可以保持完整地穿过它；它没有绵延，它来不是由于谁在召唤，哪怕被握得紧紧的，它还是能走掉；它是不可能被看得清楚的：要是你想把它变成可以看得很清楚的，你就会失去它。它来了，它来是把你够着；它要是没有走到你那里，要是没有遇到你，它就会消失；但它还会再来，换一个样子来。

（33） 它不是站在你的外面，它拍打着你的根基，要是你说它是"我灵魂的灵魂"，你说得并不夸张：但你要小心呐，不要起念头把它铺进你的灵魂——这样你就会毁了它。它在你的眼前：你只有拥有了它，才拥有眼前；你可以把它变成你的对象，感受它，使用它，你也一定会不断做着这样的事情，只是这样一来你就没有了眼前。你和它之间，相互给予；你向它说"你"，你把你自己交给它，它也向你说"你"，它也把它自己交给你。你不可能与其他人一起懂它，你孤独地与它在一起；但它会教你同别人相遇，会教你在与别人相遇的时候站稳；来时欢欣、去时伤悲，它就是这样引导你往"你"那里去，联系的线条，那些平行的线条，在"你"的里面相交！它并不帮你怎么活下去，它只帮你遥想永恒。

29

"它"的世界，在空间时间里有架构。

"你"的世界，在空间时间里没有架构。

顺着联系过程的走势，单个的"你"一定会成为一个"它"。

由于走进了联系过程，单个的"它"就能够成为一个"你"。

"它"的世界有两个基本特权。它们促使人把"它"的世界看成不能不在其中生活，于是只好让自己在其中生活的世界，看成是一个人可以见识到各种刺激和兴奋，各种事情和知识的世界。（34）在这永久的能带来惠益的编年史里，"你"的那些环节不过是些奇特的抒情诗片段、戏剧片段，有一种诱人的魔力，却又极具危险，会导致极大程度的撕裂，哪怕是久经考验的架构也会被弄得松动，[于是乎，]其所留下的与其说是满意，不如说是问题，破坏了安全稳定，很不亲切，可又不能没有。①既然一定会从它们（按："你"的那些环节）那里回到"世界"，为什么不一直待在世界里？为什么不把出现在面前的那个东西也排列进来、归置到对象性里？既然有时候，比如对父亲、对女性、对同伴不得不要说"你"，为什么不可以虽然是说"你"却是指"它"？发音工具给出了一个语音"你"，这还不能算是把那不亲切的基本词说出来；所以，在心里把深爱的那个"你"小声地说出来，其实不会有什么危险，只要真正所指的意思是：感受、使用。

---

① unentbehrlich，旧版作 entbehrlich，意思恰好相反，即"可以没有"。考夫曼认为，旧版的用词其实更好，具有反讽的意味，改动以后的"又不能没有"效果并不好（Kaufmann 1970, 85）。

活在眼前里，那是行不通的，要是没有及时采取措施把眼前迅速彻底地克服，眼前会把一个人吞掉。活在过去里，那是可以的，其实，生活都是根据过去而展开的。不停地感受、使用，就可以把每个时刻充满，就不会有哪个时刻会活在眼前。

凭着真理的严肃意味，你［要明白啊］：没有了"它"，人就不能生活。但谁要是只同"它"生活，谁就不能算是人。

第二部分

1

单个人的历史，人类的历史，当然是有落差的，可有一点是 （35）
相同的，那就是都意味着"它"的世界不断扩大。

说到人类历史，大概有人要怀疑了；有人大概要说，那些交
替更迭的文化，开始的时候都是土著形式，只不过色调有所不同
而已，也就是说，都是从一个小小的对象世界发展起来的；［按照
这种说法，］同个人生活构成呼应的，并非人类的生活，而是［具
体的］单个的文化。①但是，且把那些孤立发展的文化除开：单看
深受其他文化的历史影响而发展起来的文化，它们都在特定的某
个阶段——不是在很早，一般都是强盛之前的某个时候——接受
了其他文化的那个"它"的世界，或直接接受差不多同时代的［某
个"它"的世界］，就像希腊接受埃及的那样，或间接接受过去的
［某个"它"的世界］，像西方基督教接受希腊的那样：［也就是说，］
就那些文化而言，"它"的世界的扩大，绝不只是自身经验使然，
还要归功于对别人的经验的吸收；以一个发达的"它"的世界为
依托，［那些文化的］"它"的世界才出现了一种关键性的，如同
发明者一般的扩容。（至于"你"的世界的观看和活动所发挥的重
大作用，这里就不去说它了。）总体说来，每一种文化的"它"的

---

① 考夫曼译本提示说,这应是在批评斯宾格勒（Oswald Spengler）的《西方的没落》（Kaufmann
1970, 87）。两卷本《西方的没落》（*Der Untergang des Abendländes*），分别出版于1918年（第
1卷 *Gestalt und Wirklichkeit*）、1922年（第2卷 *Welthistorische Perspektiven*）。

（36）世界都要比它前面那种文化的规模更大，历史之中当然有停滞甚至倒退，但还是能够清楚地看到，"它"的世界不断扩大。真正要关心的事情并不是，一种文化的"世界图像"究竟具有有限性特点，还是具有无限性特点，或更准确地说，还是具有非有限性特点；一个"有限"的世界，可以比"无限"的世界包含更多的组成部分、事物和进程。真正要注意的事情是，在自然认识的广度方面，在社会分工、技术成就的规模方面，应该可以做某些比较；对象世界的扩容，正是通过这两个方面形成。

人同"它"的世界之间的基本关系，包括感受，也包括使用，感受是不断地建［"它"的世界］，使用则是使［"它的世界"］具有多方面目的，使"它"的世界维持、改善和提高人的生活。随着"它"的世界的规模的增大，感受、使用"它"的世界的能耐也在增长。单个的人虽然越来越多用间接的感受，或曰"知识的获取"，代替直接的感受，虽然越来越明显地将"使用"狭隘地变成专业化了的"应用"，但一代又一代下来，能耐总还在稳定增长。通常所说的精神生活不断地取得进步发展，基本上就是这个意思。其实，这么说精神，简直是在语言上冒犯了它！如此意味的"精神生活"，根本就是人在精神之中生活的阻碍！充其量，也只是［人在精神之中生活］的质料而已，［这质料］只有被驾驭了、被塑造了，才能往上提升。

（37）真的是阻碍。感受、使用［"它"的世界］的能耐在增长，联系的能量却在减弱——人只有依靠这种能量，才活在精神里！

2

人所宣明的精神，是人在回答人的"你"。人讲话的舌头有很多种，语言是舌头，艺术是舌头，行动是舌头，精神也是舌头，精神是在回答从奥秘中出现，从奥秘中呼唤的"你"。精神是词。语言讲的话，最先在头脑里变成词①，然后在喉头形成音，但［形成词、形成音］这两件事情，不过是对于真正的那个过程有所折射，实际上并非语言站在人的里面，而是人站在语言的里面，人由语言的里面往外说话——词是如此，精神也是如此。精神并不在我的里面，而是在我和"你"之间。不像血液那样在你里面循环流动，而是像空气那样任你呼吸。人若能做到回答人的"你"，那么就是活在精神里。人若与人的整个的生命形成联系，就能做到这一点。人只有依靠联系的能量，才活在精神里。

但联系过程的命运，在这里极暴烈地肆虐。回答越有力，就越会把"你"紧紧牵住，把"你"变成对象。只有对"你"保持沉默，不管哪种舌头，都保持沉默，在没有被赋予形式的词里面，在没有分裂的词里面，在还没有发展到舌头那里去的词里面，沉默地等候着。［只有这样，］才会让"你"自由，才会和"你"一起默不出声，［这时，］精神并不宣明什么，而是在存在。任何回答都会把"你"牵涉到"它"的世界里。这是人的忧郁，也是人的伟大。（38）认识，作品，图像，典范，就这样成了鲜活生命的圆心！

然而，哪怕就这样已经变成了"它"，那已僵硬地成为诸多事

---

① 布伯将名词 Wort 动词化为 worten，这里译作"变成词"。

物当中又一个事物的东西也并没有忘却意义和职责，这就是要重新变回去。就是要重新——指在精神的时刻里，也就是说，精神催促着人，在人的里面生产出了回答——让对象性的东西燃烧起来变成眼前，拐进去成为元素，然后被人在眼前观看，在人的眼前活着。

这意义、职责的实现，会被人阻挡住，如果人只愿意守着这个"它"的世界，如果只把这当成一个用来感受和使用的世界，如果就是要压制而不是释放那被关在"它"的世界里面的东西，就是要监视而不是凝视那个东西，就是要利用而不是接受那个东西。

认识：观看面前的东西，生命便向认识的人开放。当然，这人会把眼前所观看的东西把握成对象，与其他的对象相比，排列到对象的系列里，进行对象性地描述和剖析；它只有作为一个"它"，才能够进入认识的存量里。但在观看的时候，它便不是诸多事物当中的又一个事物，不是诸多过程当中的又一个过程，而是就在眼前的。不是透过从现象当中得出的规律，而是透过现象本身，生命在进行交流。思考普遍的东西，原就是要把乱麻似的事情整理清楚，因为是透过特殊的东西，透过面前的东西观看到了普遍的东西。于是乎，面前的这个东西便关在概念认识的"它"形式里。

（39）谁要是把它［按：面前的这个东西］从那里面解开，重新在眼前观看它，才真正算是实现了认识行为的意义，认识活动就是介乎人与人之间的真实的东西、进行作用的东西。但也能够这样进行认识，以至于就是认为："情况就是这样，事物就是这样，特点就是这样，就是属于那边"，［就是认为，］已变成"它"的东西不过就是"它"，要作为"它"来感受和使用，照样要放进"熟悉"世界的事业里，然后［照样要放进］"征服"世界的事业里。

艺术也是这样：观看面前的一个东西，艺术家的心里便浮现出形象。艺术家把形象放逐，变成成果。成果，并不在众神的世界里，而是在人类的这个大世界里。它就在"这里"，哪怕还没有谁的眼睛看到它；但它睡着了。中国有位诗人写道，他用玉笛吹的曲子，人们不喜欢听；吹给神灵们，神灵们侧耳倾听了；然后，人们也来听他的曲子——他就是这样从神灵们，走到他的成果终究不能离开的人们那里。[1]仿如在梦中，与人相遇以后，他在并非时间的时刻解开禁令，拥抱形象。然后，他动身出发，感受必须要感受的东西：这个东西就是这样制作出来的，或者说，就是这样表现出来的，或者说，这个东西的特质就是这样的情形，此外，这个东西处在这样的级别。

这并不意味着，科学和审美的理智不是必要的东西：相反，这种理智要做的事情，该怎么做还是怎么做，但还是要让这种理智浸润在为理智的东西所不能企及的东西中，理智的东西不过是处在其沧海一粟的联系的真理里。

第三，这里要比认识的精神、艺术的精神更高一层，因为终有一死的肉身之人在这里并不憧憬着肉身能够长久，而是把自己 （40）

---

① 布伯所述，实是一首在德语学界较流行的汉诗。它有多个德译本，均归给李白（Gu 2002, 134）。这些德译诗的底本，是法国女诗人朱迪思·戈蒂埃《白玉诗书》里的 *Les sages dansent*（Walter 1867, 143-144）。*Les sages dansent* 的汉语原本究竟是李白的哪一首诗，目前尚难确认。这里倾向于认为是李白的《凤台曲》。

永久地变成成果，陶醉在自己的鲜活讲话的音乐里，飞翔在精神的星空里：纯粹的"作用"，［也就是说，］不会有任何落入任性之窠臼的举动。在这里，"你"从更深的奥秘里出来，呈现给这人，自黑暗中把他呼唤，这人则是用他的生活回答。在这里，词成了生活，［这人的］这个生活，也许成全了律法，也许毁坏了律法——这两种情况有时候还真是必要的，为了精神不会在地上死去——就是［这人给出的］教导。［这生活就］站在后世者前面，教导着他们！教导给他们的，不是有什么在存在，不是有什么应当在存在，而是如何在精神里，当着"你"的面，使它（按：指教导者的生活）活起来。这意味着：做好了准备，任何时候都可以在他们（按：后世者）面前成为"你"，打开一个"你"的世界；哦，不，并没有做好准备，［这生活］永远不过是走到他们跟前，触碰一下他们而已。然而他们对鲜活的交往，对那打开了一个世界的交往，没有什么兴致，也不适合，他们有他们所愿意的东西。［教导者的］人，他们娓娓叙述，［教导者的人的］讲话，他们让摆书的地方都能看得到；［教导者的生活］到底是成全还是破坏，他们觉得无所谓，只管写；他们倒是也不吝惜崇敬甚至景仰之心，还常夹杂着在现代人当中较为普遍的那种心理。哦，孤独的面容哪，如星辰般在黑暗里［孤独地闪耀着］，哦，鲜活的手指啊，按在麻木不仁的额头上，哦，落寞的脚步啊！

(41)　　3

　　感受功能、使用功能的发展，关联着人的联系的能量的减弱。

一个人要是把精神也变成一个把玩的东西，那究竟怎么与身边人相处呢？

在分离的基本词里，[基本词的]这边是"我"，那边是"它"，这人便把自己与身边人一起过的生活分成两块界限很清楚的区域：机构和情感。[一个是]"它"的区域，[另一个是]"我"的区域。

机构是"外边"，人们淹留于其中，缘由有很多，工作、商谈、影响、规划、竞争、组织、经营、管理、布道；一个还算有秩序，还算正常的构造（Gefüge），只要聚在一起的人头多、手脚多，事情就能运转好。

情感是"里边"，人们活在这个的里面，要从机构那里缓过来就靠这。只要认真地观察，就能看到一个丰富多彩的情绪波谱飘来荡去；有喜欢，有不喜欢，有高兴，还有不高兴，只要没有到特别糟糕的程度。这里真惬意，[就像]坐在摇椅上晃悠。

机构是一个复杂的大厅，情感则是一间花样层出不穷的密室。[1]

只要划清界限，就有隐患，情感时不时冲到那些只顾办事的机构里，然而，大概是由于某种善良意志，界限又重新回来了。

特别难做到的事情是，在所谓的个人生活领域里把界限划牢靠。拿婚姻来说，恐怕就不能把界限划好；但还是要划。所谓的公共生活领域，界限倒是容易划好；可以看到，有了政党，有了那些摆出一副超越了政党的架势的组织及其所发动的"运动"，就既会有那些吵翻天的会，也会有那些在地上往前慢慢蠕动的运转，

（42）

---

[1] 大庭即Forum，取"大庭广众"之意。密室即Kemenate。

到底是像机器般稳定地运转，还是像有机体般地运转，其实没什么区别。

机构的那个已离散的"它"是行尸走肉，情感的那个已离散的"我"则是盘旋不知何所去的灵魂小鸟。这两个东西都不懂人；前者是模范，后者不过是"对象"，都不懂［什么是］人，都不懂［什么是］共同生活。两个东西都不懂眼前：前者，哪怕是最现代的那种，也不过就是僵硬了的过去，是已完成，而后者，哪怕是最持久的，也只是忽哨而过的一瞬，是仍然还什么都没有。这两个东西，并不通向真实生活。机构并没有带来公共生活，情感也没有带来个人生活。

机构没有带来公共生活，越来越多的人感觉到了这一点，而且是带着越来越多的忧伤感觉到的；这个时代陷于总在寻找的困境里，动因就在这里。情感没有带来个人生活，只有很少人明白。相反都以为情感恐怕是最最个人的东西了。若真像现代人那样，所在乎的只是自己的情感，那么，就算是感到了绝望，知道情感也不真实，恐怕还是不会想到还有更好的东西，因为就连绝望也是一种情感，也是有吸引力的。

(43)

机构没有带来公共生活，为这件事情感到烦恼的人就会去想办法：［他们说，］一定要把情感用好，把机构刨松，使机构融化，甚至把机构砸破，［他们说，］一定要以情感为依据，把"情感自由"带到机构里，对机构进行更新。比方说，自动机器般的政府把生命各有差别的公民们拴到一起，却没有创造出那种"在一起"，甚至都没有鼓励"在一起"，［他们说，］那么就用爱的共同体代替它吧！［他们说，］要有爱的共同体，就得是人们出于自由的旺盛的情感走到一起，生活在一起！然而，事情并非如此；形成真正的共同体，决不是靠人们彼此之间有情感（尽管确实不能没有情感），而是靠这两样东西：第一样东西是，所有人都与一个鲜活的圆心保持鲜活地面对面的联系，所有人相互之间保持鲜活地面对面的联系。第二样东西来自第一样东西，但不是有了第一样东西就一定会有第二样东西。鲜活地面对面的联系，包含了情感，却不是来自情感。搭建共同体，要以鲜活地面对面的联系为地基，搭建者则是那鲜活地在进行作用的圆心。

　　哪怕是个人生活的机构，也不是自由的情感（尽管确实不能没有情感）能够更新的。比方说婚姻，恐怕没有别的什么办法可以更新，只能靠古往今来真正的婚姻得以产生的那个东西：［也就是说，］两个人向彼此启示了一个"你"！所以，是"你"搭建起了婚姻，"你"可不是两个"我"里面的哪个"我"。爱的形而上、心而上的事实其实是情感！爱的情感，不过是伴随其而来的东西。谁想通过别的什么办法将婚姻更新，则与一心要废除婚姻的人没有什么根本的分别：［也就是说，］都不懂那个事实！当今这个时代，情爱泛滥，真要是把其中所有跟"我"有关联的东西都减掉，也就是说，但凡［两个人之间］这一个对那一个并不是就在眼前的，并没有成其为就在眼前的，但凡［两个人之间］这一个只是拿那一个来快活，全都减掉，那么还有什么能留下？

　　真正的公共生活，真正的个人生活，应该是"紧紧结合"的两副形象。要形成这样的生活，这样的生活要存续，当然得有情

（44）

感，当然得有这种总在变换的神韵！当然也得有机构，当然得有这种始终稳定的形式！但单把这两样东西组合起来，并不能创造人的生活。得是第三样东西创造人的生活，那就是"你"在正中间成其为眼前的，或者说得更真切一点，那就是正中间的那个"你"在眼前被接受了。

4

基本词"我—它"并不就是坏的——就像物质也并不就是坏的一样。这个基本词之所以会成其为坏的——情况也还是与物质一样，[也就是说，]居然想成其为存在者了！① 人要是由它来主宰，疯狂猛长的"它"的世界会密密麻麻地盖在人的身上，人自己的"我"便要失真，直到有一天，人上面的这座阿尔卑斯山，同人里面的幽灵悄悄地交流说，大概是没指望得救了。

5

——［甲：］可是，现代人的公共生活不是必然会沉降而成其为"它"的世界么？这种生活的两个领域，即经济与国家，就其目前的规模而言，就其目前的发展程度而言，要是不以这样的事情为基础，[也就是说，]有意放弃所有的"直接性"，断然排斥任何"外来的"，并非自本领域里面产生的部门，还能以别的什么为基础呢？要是进行感受和使用的"我"在主宰，在经济方面

---

① 按照西方哲学的传统说法，物质被赋予形式方可成其为存在者，仅凭其自身不足以成为存在者。

调动财富和绩效，在政治方面调遣意见与活动，那么在这两个领域里面，形成广阔且稳定的宏大"客观"成果结构，不是恰好要归功于这种不受限制的统治么？还有，引领方向的政治人物、经贸人物，展示出如造型艺术家一般的能力，不是恰好关联着这样一个事实么，[也就是说，]他对待他所要触及的那些人，不是当成那没办法感受到的"你"的载体，而是当成一个又一个的绩效中心和奋斗中心，各自具有某种特别能力而可以派上具体某个用场？他的世界岂不是会把他压塌么，要是他尝试着，不把一个又一个的"他"加起来加成一个"它"，而是把一个又一个的"你"聚到一起，然后聚到一起的这些"你"所带来的也不是别的什么东西，而又是一个"你"？这岂不是意味着拿在塑造的过程中讲求精益求精"换"在制作的过程里玩玩做做，拿光明灿烂的理性"换"云山雾绕的梦幻？我们既然看过了进行指挥的人，那就再来看看被指挥的人，现代类型的劳动、现代类型的财产难道不是已经把面对面地生活的痕迹，把富有意义的联系的痕迹都抹得一干二净了么？那就真是太荒谬了，居然想开倒车！要真是做出了这样荒谬的事情，我们文明的这台巨型的精确设备就要毁了，要知道，能使数量急剧增加的人类过上生活，全靠这台设备了。

（46）

——[乙：]讲话的人哪，你讲得太晚了。刚才那一会儿你的讲话大概是能信，现在恐怕就没办法信了。因为在之前那一刻，你跟我一样，都很清楚地看到，国家不再是被指挥的了；烧锅炉的当然还是在堆煤块，领导只用把那些转个不停的机械管好就行。在目前这一刻，你讲话的这一刻，你跟我一样，大概都听到了，

49

经济的杠杆装置正以一种极不寻常的方式开始轰鸣；操纵它的人得意洋洋地冲着你笑，但死亡还是坐在他们的心里。他们对你说，他们把这装置调试得很合适了；但你还是可以注意到，他们大概也只能跟这装置合适了，只要这装置允许他们这样。他们的发言人解释说，经济接管了国家的遗产；你要看透啊，遗留下来供继承的，无非就是那不断在膨胀的"它"的压迫式专政，在这种专政底下，"我"既然越来越没有能力去掌控，大概只能在梦里去做发号施令的人了。

人的公共生活，像人一样，不可能离得开"它"的世界——眼前的那个"你"就在"它"的世界上面飘浮着，好似灵运行在水面上。[①]就人而言，利用的意志、权力的意志完全可以如自然般地，理所当然地进行作用，只要能藏在联系的意志里面，为联系的意志所承载。哪有什么邪恶的本能，不过是本能脱离了生命而已！

（47）　藏在生命里面听由生命来决定的本能，恰是共同生活的血浆，那已脱离了[生命]的本能，则导致共同生活瓦解。经济，[可以说是]使用的意志的厚厚铁壳；国家，[可以说是]权力的意志的厚厚铁壳，它们其实是可以参与生活的，只要它们分有了灵。它们要是拒绝灵，也就拒绝了生活：生活需要时间来让生活当中的事情见分晓，人们一直都以为是这个成果在动，其实早就是一台机器设备在那里

---

① Der Geist [schwebt] über den Wassern. 参看路德译德语圣经旧约创世记第1章第2句后半句——und der Geist Gottes schwebte auf dem Wasser（Luther 1901 i, 5），和合本新标准修订版作"神的灵运行在水面上"。布伯－罗森茨威格合译本第1卷后来译作：Braus Gottes schwingend über dem Antlitz der Wasser（Buber-Rosenzweig 1981 I, 9）。

运转了。引进一点直接性，恐怕是于事无补的；把搭好了框架的经济、国家弄得松一点能有什么用，它们不听那把"你"说了出来的灵；圆周上翻来覆去，怎么可能取代与圆心之间的鲜活联系！人类共同生活的这些成果之所以有它们的生活，那是由于联系的能量在起作用，联系的能量渗透到它们的四肢里，［这些成果之所以有］像身体一样的形式，那是由于这种能量透过灵而作着联结。政治人物、经经人物，要是听从灵，就不会只是玩玩做做；他会很清楚地知道，他对待他所要触及的那些人，当然不能完全当成"你"的载体，倘若他不想毁掉他所要做的事情；但他会愿意冒冒险，同样不是完全那样，直到抵达灵给他划下的边界；抵达灵给他划下边界的那个地方；这样的冒险，便打破了一个已离散的成果，见识到了高高飘浮着的那个就在眼前的"你"。他并没有沉迷在梦幻里；他给真理服侍，真理是理性所不能企及的，与理性并不冲突，而是把理性拥在怀里。他在共同生活里所做的事情，与这样的人在个人生活里所做的事情完全一样，这样的人很清楚自己没有能力使"你"纯粹地成真，只好日复一日地守护着"它"，在遵守这些日子的规定和要求的同时，日复一日地重新划边界——［日复一日地］发现边界。劳动、财富，要获得救赎，单凭它们自己是做不到的，只能靠灵；只有灵在场，才能把内涵和喜乐带进劳动里，把敬畏，把奉献供品的能量，带进财富里，［带进去的］可不是随随便便一点点，而是quantum satis（按：拉丁语，满满的量）！所有被制作、被拥有的东西，尽管还是同"它"的世界关联着，却已升华成了面前的东西，是在对"你"作展示。不是往回退、退

(48)

到后面，而是——哪怕是最困窘的时刻，当然也正是在那样的时刻，以前想都没有想过，[往前闯，]闯到外面去！

国家管经济也好，经济指挥国家也好，其实无所谓，只要它们两个并没有变。到底是国家里的机构更自由，还是经济里的机构更公正，这倒是有点重要的。但如果关心的问题是真实的生活，恰如这里所关心者，则也还是无所谓；自由也好，公正也好，都不是靠它们自己就能成就的。灵，那把"你"说了出来的灵，那对生活、对真实给出回答的灵，究竟是不是还在；人的公共生活当中为灵所打破的东西，究竟是听命于国家和经济，还是自主地进行作用；人的个人生活当中由于灵而在坚守的东西，究竟是不是又体现在公共生活里：才是真正关键的问题。把公共生活划分为许多不相干的领域，包括"精神生活"领域，恐怕还是于事无补；这只意味着这些已沉陷在"它"的世界里的领域最终向压迫式的专政投降了，至于灵，则还是失真了；因为灵从来都不是单凭着自己，便自主地在生活里进行作用，而总是要靠着世界：与灵一道来的，还有那渗透进"它"的世界里，要改造"它"的世界的暴力！灵，真的是"在自己家里"了，在它能够同那由于它而开放的世界面对面站着，在它能够把自己献给世界，在它能够将世界救赎并关联着这件事情而把它自己也救赎的时候。现如今代表灵的，是那已经零散，已然瘦弱，已然疲弊，已然深陷在矛盾中的灵性，[如此这般的灵性]只有重新发展成为灵的生命，发展到能够说"你"的地步，才可以做到那样。

（49）

6

在"它"的世界里，不受限制地进行主宰的，是因果性。所有能够通过感官感觉到的物理过程，甚至所有要在自我感受层面才能找见或碰见的心理过程，必然都是有因，也会接着成为因。那些具有"目的设定"特点的过程，作为"它"的世界之连续体的组成部分，同样也不例外："它"的世界之连续体当然容得下一种目的论，其所能容的目的论，却是一种［与目的论］相反的东西，不过是被强塞到因果性之中，不损伤因果性之完整架构而已。

因果性不受限制地主宰着［"它"的世界］，这对于从科学层面对自然进行归类来说具有相当重要的意义，这种主宰不会让不愿局限在"它"的世界里，总想着要跨出去，走到联系的世界里的人感到压抑。在这里，"我""你"自由地面对面站着，相互之间的那种相互作用不涉及任何因果性、也不会为任何因果性所涉及；在这里，保护这个人的，是这个人的生命的自由和［笼统的］生命的自由。只有懂联系，清楚地知道你就在眼前，才有能力做决定。谁做了决定，谁就是自由的，因为他是迎着面向前走的。 （50）

就我所有的"能够想要"（Wollenkönnen）而言，那火一般的物质放肆地翻滚着，就我所有的"可能"而言，如远古世界般盘旋环绕，缠在一起，分也分不开，各种潜能露出的魅惑眼神在角落里忽闪，全都是诱惑！我，不过是片刻间形成，双手探进火里，伸得很深，其中一只藏在下面，大概就是我，就是我的活动，结果被抓住了：赶快！深渊的威胁已经解除，再也不是什么散乱而无核心的"多"在彩虹般多姿多彩的同类型的诉求里嬉戏，这里只有两个东西挨着，一个是"另一个"，一个是"这一个"，〔也就是说，〕一个是妄想，一个是定单（Auftrag）。但现在，我的里面真的开始有了成真的活动。那就还不算是做决定，如果单只是有"这一个"，如果"另一个"还处在被贮藏的状况里，[1]仿如已散落的一堆东西，一层一层地散落在我的灵魂里。只有把"另一个"的全部能量都发挥出来，用在"这一个"的主动行为里，才算是做到了把没有被选上的东西那并未枯萎的激情淋漓尽致地用于被选上的东西的成真活动里。只有"在给上帝服侍的时候把邪恶的本能带上"[2]，才算是做决定，决定了有事情发生。要是明白这一点，就会知道只有这才算是正确的事情，才是作导向的东西，要以它为导向，至于做决定，也是奔着它去的！所谓魔鬼，并不就是指有谁在同上帝对着来，而是指始终不做决定。

一个人，要是自由得到了保护，就不会由于因果性而感到压抑。他明白他的终有一死的生活，就其本质而言就是在"你"与"它"之间摇来摆去，他感觉到了生活的意义。所以，他就很满意了，只要圣地的门槛，既然他不能一直待在那里面，他可以一次又一次迈过；是的，就算他一定会一次又一次离开圣地，他心里仍然

① 考夫曼关于此句所作注释（Kaufmann 1970, 101），有笔误。gelagert 一词原是布伯旧版使用的，新版将其删去。

② Gott mit dem bösen Triebe dient。这是著名的拉比 Rabbi Nachman 说过的一句非常著名的话。布伯在其重述 Rabbi Nachman 生平的著作中，恰有这位拉比的原话：Man kann Gott mit dem bösen Triebe dienen, wenn man sein Entbrennen und seine begehrende Glut zu Gott lenkt. Und ohne bösen Trieb ist kein vollkommener Dienst（Buber 1916, 36; Buber 1963 III, 908），或可译作"在服侍神的时候把邪恶的本能带上，只要能做到把燃烧的情意和渴望的火热献给神。没有邪恶的本能，也就不会有完美的服侍"。*Die Geschichte des Rabbi Nachman* 初版于 1906 年，这里所引系 1916 年再版。

(51)

听得见生活的意义、生活的职责。来到那里，站在门槛里，回答就会在他的心里重新燃烧，那是灵在燃烧！回到这里，在一点都不神圣的困顿土地上，火星儿还是保存了的。这里称作必然的东西，是吓不着他的；因为他在那里见识过真正的必然，［见识过］命运！

命运和自由是有誓约的。一个人只有让自由成了真，才能跟命运相遇。只要我发现了那大概就是我的活动，那么透过我的自由的运动，奥秘便向我打开；但要是我不可能像我以为［能够］的那样把自由实现，那么透过抵抗，奥秘便向我打开。谁要是忘掉了所有有因的东西，自［心底］深处做决定，谁就把财物，把外衣都搁到一边，迎着面向前走：这个自由人扑面看到的，恰是他的自由的镜像，那就是命运！这可不是他的边界，这是要让他更加完整；①自由和命运连在一起，就有了意义；透过意义，便看到了命运，［也就是说，］那依然严厉的光明之眼，就像看到的是恩典一样。

哦，不会的，带着火星儿回到"它"的世界里的人哪，［接下来］他是不会由于因果层面的必然而感到压抑的。在那些过着健康生活的时代里，信心来自那些有灵的男子，从他们身上流淌到人民那里；所有的人，包括最愚笨的人，都会以某种方式，如自然般地，本能地，模模糊糊地，就遇上了相遇，遇上了眼前，所有的人都以某种方式感觉到了"你"；灵给他们所有的人作担保。

但在那些病态的时代里，则发生这样的事情："它"的世界，

---

① Ergänzung。或可参看第1部分第27节。

（52） 不再荡漾着那像鲜活河水一样流动的"你"的世界的水波，也不再因之而有收获——而是已〔与之〕分离了的，也停滞不动，像庞大的沼泽幽灵（Sumpfphantom），把人完全压倒。人已然满足于一个满是"对象"而不复再有眼前的世界，人倒在这个世界里了。到处都能看见的因果性，终于升格成为带来压抑带来压迫的灾难。

　　每一种席卷许多民族的伟大文化，都是以起源时的一次相遇事件为基础，〔也就是说，〕其基础是从前有一次从源头处向"你"作了回答，〔也就是说，〕其基础是灵的一次生命活动。那个活动，由于接下来一代又一代的能量导向完全相同，便得到了进一步强化，进而在灵的层面创造出一种独特的宇宙观——〔换而言之，〕正是由于那个活动，人的宇宙才一次又一次成其为可能；自那以后，人从已得到了安顿的灵魂里，以一种独特的空间观为依据，能够一次又一次建造供神灵居住的房舍和供人居住的房舍，能够用新的赞歌和情歌把摇来摆去的时间充满，把人与人的团契打造成为一个形象。但要能做到这一点，必得人先在自己的生活里以主动做、被动承受的方式拥有那个生命活动，必得人先自己进入联系里；必得人先成其为自由的，如造物主般。一种文化要是不再以鲜活的持续更新的联系过程为重心，那就会委顿而成其为"它"的世界，不过是时不时，仿如喷发式地，会有一些孤独的人物用闪闪发光的活动将这个"它"的世界突破。自此以后，到处都能看见的因果性，以前从来都不能干扰那属灵的宇宙观，终于升格成为带来压抑、带来压迫的灾难。富有智慧且长于掌控的命运，与宇宙的

（53） 整全意义是相通的，主宰着所有的因果性，便成了与意义乖离的

魔魅，反倒掉进因果性之中。业（Karman），以前的人觉得是尽做好事的机缘——我们在这一生当中做得好，[①]就可以帮助我们在更高的世界里过上将来的生活——现如今则只能说是独裁专制了：以前某个我们根本一无所知的生活所做的一个主动行为，把我们扔进监牢里了，我们要是还在过那种生活，就不可能摆脱这监牢。以前是天上的意义规律覆盖万物，明亮的天空穹顶是必然的螺旋，现在则是移动的星辰的暴力在没有意义地，带来奴役地进行统治；以前是Dike（按：来自希腊语，正义），天"道"（按：道路的道），同时亦是我们的道，在进行作为，怀着一颗自由的心栖息在宏大安排里。现在则有东西在逼迫我们，哪怕我们一直都在主动做，每根颈项上都重重地压着僵死的世界巨块的全副重量，那就是与灵格格不入的heimarmene（按：来自希腊语，命运）。[②]左奔右突渴望救赎，方式方法虽然很多，但就是没有办法得到完全的满足，直到终于出现一个人让渴望安静下来了，他教导［如何］摆脱生轮，[③]或者终于出现一个人，把已屈从于世间种种权力的灵魂救出

---

① was uns in diesem leben gerät。考夫曼敏锐地发现，新版用gerät代替了旧版的tun。若是tun，则就是"我们在这一生当中所做的事情"。当然，他认为这又是一处不成功的改动，削弱了原来的那种对比意味（Kaufmann 1970, 103）。

② heimarmene即εἱμαρμένη。参看柏拉图《斐多篇》115a οὕτω περιμένει τὴν εἰς Ἅιδου πορείαν ὡς πορευσόμενος ὅταν ἡ εἱμαρμένη καλῇ，王太庆译本作"等待着离开今生前往另一世界，准备在命运见召时见去"（柏拉图2004, 283）。

③ Rad der Geburten，或可译作"轮回"。语出新约雅各书第3章第6句 τὸν τροχὸν τῆς γενέσεως，往往作Rad der Geburt（Oetinger 1776, 488），即和合本新标准修订版所说的"生命的轮子"——"舌头就是火，在我们百体中，舌头是个罪恶的世界，能污秽全身，也能把生命的轮子点起来，并且是从地狱里点着的"。路德的译文则译作 zündet an allen unsern Wandel（Luther 1901 ii, 276），即"点燃了我们所有的变化"。

来，引渡到上帝子女（Gotteskinder）的自由里。这样的作品，来自一个新的已然成为实体的相遇事件，来自一个人对他的那个"你"所给出的一个新的对命运进行规定的回答。在这关键的生命活动继续发挥作用的过程中，一种文化哪怕离开了另一种散发着光芒的文化，还是能够靠它自己，在它自己里面实现更新。

（54）

　　我们时代的病态是任何时代都没办法比的，所有时代的病态加到一起也不过如此。文化的历史并非王朝更替，并非匆匆走过一个接着又走来下一个，气氛活泼，决不多想什么，匆匆穿行在不变的死亡圆圈里。［其实，一种又一种文化］来了又去，便走出了一条无名的道路。不是什么不断进步不断前进的道路；可以称之为向下走，穿过属灵层面的地下世界的一个又一个陀螺，也可以称之为向上走，走进那最往里最精妙也缠绕得最复杂的漩涡，很显然无所谓什么往前与向后，不过是总在进行着前所未有的转身（Umkehr）：［那就是］突破。我们一定都会走上这条道路直到最后，直到最后的幽暗来考验么？哪里有危险，哪里就会长出能搭救的东西。①

　　这个时代的生物学思考和历史智慧思考，哪怕它们相互间觉得区别很大，其实已经合流了，它们一同塑造出了一种灾难信仰，且比以往持续过的任何信仰都要顽固、烦躁。业不再一枝独秀，那些无情地操纵人类苦命的星辰也不能独领风骚；形形色色的暴

---

① Wo aber Gefahr ist, wächst das Rettende auch。考夫曼指出，取之于荷尔德林的诗，《帕特默斯》（Patmos）开篇便是 Nah ist / Und schwer zu fassen der Gott. / Wo aber Gefahr ist, wächst / Das Rettende auch（Kaufmann 1970, 105）。参看林克译本——"神在近处，只是难以把握。但有危险的地方，也有拯救生长"（荷尔德林2010，120）。

力在争夺统治地位，可要是认真观察，这个时代大多数人所信仰的就是这些东西的大杂烩，就像罗马人所信仰的是众神的大杂烩。看看它们都是怎么说的，大概就能明白了。[有人说，]"生活规律"就是斗争无所不在，于是乎要斗争到底，不必在乎生活；[有人说，]"灵魂规律"纯是心理层面的人格出于与生俱来的习惯本能，搭建的一座躁动不安的建筑；[有人说，]一个不会止步的社会进程有"社会规律"，意志、意识最多只是在尾随；[有人说，]历史"成果"一成不变地出现又倒下，此乃"文化规律"；当然，还有：总是有人在说，人俨然困在一个无法摆脱的"发生了的事情"里，无法抵挡，顶多只是通过妄想，以为是在抵挡而已。密教解除了星辰的压迫，不乏认识洞见的婆罗门祭祀解除了业的压迫，这都是救赎的范例；神像大杂烩则不许信仰有解脱。居然设想自由，真是痴呆呀！可以选择的，要么是坚决当奴隶，要么是在无望的反抗中依旧当奴隶。所有这些关于规律的宏论，讲目的论层面的前进，讲有机的生成，林林总总，全都迷恋着"往下"（Ablauf），迷恋着那不受限制的因果性。逐渐"往下"的学说，便在蓬勃发展的"它"的世界面前把人废黜了。命运的名字，也被这种学说滥用：[其实，]命运哪里是罩在人的世界上面的大钟；与命运相遇的，只有从自由那里起步的人！在"往下"的学说里，已没有了自由，没有了自由的最实在的启示，[要知道，]这启示的从容的能量可以改变大地的面容：[那就意味着]转身！这样的学说，根本不懂人用转身就可以克服所谓的斗争无所不在；[不懂]人用转身就可以撕碎习惯本能的幽灵；[不懂]人用转身就可以解除阶级的禁令；——[不

（55）

59

懂］人用转身就可以接触到更加安全的历史成果，使其复苏，将之改造。"往下"的学说，只是让你在它摆好的棋局里，要么［选］遵守规则，要么［选］退出；但已在转身之中的人，会直接把棋局上的棋子都打翻！这样的学说，顶多也就是同意你［做这样的事情，也就是说，］在生活中恪守有条件性，在灵魂层面"保持自由"；然而这种自由，已在转身之中的人看来不过是可耻的奴役。

　　唯一能够对人而言成其为灾难的东西，就是灾难信仰：它压制了转身的运动。

　　灾难信仰是一种开端迷信。所有的"往下"之论，都只是在归类整理已形成的事情，那已离散的世界所发生之事，［或者说，］历史的对象性；至于"你"的就在眼前，至于由紧紧结合而带来的变化，它们都无从知晓。它们不懂灵的真实，它们的框架设想也不能适用于灵。由对象性而开展占卜，当然只适用于对"就在眼前"一无所知的人。为"它"的世界所压垮了的人，一定觉得直落"往下"的学说真是一种痛快淋漓地带来了大启发的真理；其实，不过是要让他这样的人更听话地待在"它"的世界里而已。但"你"的世界不是封闭的。谁带着聚集了的生命，带着复活了的联系能量，朝它走去，谁就觉到了自由！摆脱了对不自由的信仰而成其为自由的，便意味着成其为自由的。

7

　　就像把阿尔卑斯山真实的名字，冲着阿尔卑斯山喊出来，就会获得驾驭阿尔卑斯山的能力，同样地，"它"的世界，其在微不足道的人力面前当然是很不亲切的，却一定会向那认识其生命的人臣服[原来，"它"的世界]是这个东西出现了特殊化和陌生化！[那么，这个东西又是什么呢？]由这个东西如河流般涌来的丰盈，一个人便能同大地上的每一个"你"面对面站着；这个东西对人来说有时像地母神（Muttergöttin）那样高大可怕，却永远都像母亲一样！

（57）

——[甲：]可是，怎样才有能力，喊出阿尔卑斯山的名字呢，它的最里面可是蜷缩着一个幽灵的呀——[蜷缩着]一个已失真的"我"？如何才能在一个生命的里面让早被掩埋的联系能量复活呢，既然有一个健硕的幽灵一刻不放松地守护着这片瓦砾？如何才能让一个生命聚拢呢，毕竟已被那已脱离了的"我性"之瘾束缚在空虚的圆圈里太久？如何才能让一个一直生活在任性之中的人觉到自由呢？

——[答：]自由同命运如影随形，任性与灾难也是如影随形。但自由同命运有誓约，任性与灾难、灵魂魔魅与世界鬼魔，则不过是一团和气地住在一起，而且很小心不想伤害和气，哪有什么结合可言，也谈不上有摩擦，完全无意义可言——直到在某一刻，眼神一不小心对上了，终于意识到原来并没有得到救赎！就算裹上庄严美妙的灵性，想不让这事情产生，想把这事情裹住[，也已于事无补]。

自由人是那种并非由于任性而有所想要的人。他相信真实；也就是说：他相信"我"和"你"这两个实在的东西的实在的紧紧结合。他相信职责，相信职责离不开他：职责并不把他牵着，职责在等待他，他一定会朝它走去，哪怕他不知道它到底在哪里；他一定带着整个的生命上路，他很清楚这一点。并非他所做的某个决定以为是那样，事情便会是那样；事情之所以是那样，只是因为他做了决定，要做他能够想要［去做］的事情。①他一定会把小意愿，一些并不自由，为事物和本能所控制的意愿牺牲掉，保留大意愿，那些远离"被规定"，朝职责奔去的意愿。②他不再插手干涉，但也不是随便有什么事情发生。侧耳细听来自他自己的里面不断生成的东西，细听他的生命在世界上的道路；不是为了让他的生命背负着他，而是要让生命成真，依照着生命所希望的那种方式，生命希望生命确实所需要的这一位他来让生命成真的那种方式，［也就是说，］用人的灵、人的活动，用人的生活、人的死亡。他相信了，这便是我要说的；但也就还要说：他遇见了。

(58)

任性者，不相信什么，也遇不见什么。他不懂紧紧结合，只懂外面那像发了烧一样的世界，只懂他自己那发了烧一样的欲念，要使用［那发了烧的］世界；关于使用，恐怕只能取一个古老的名字了，它在众神中间走动着。③当他把"你"说了出来的时候，他的意思其实是："所谓你，就是我能够使用"；他称之为他的职责的东西，

---

① "有所想要"、"能够想要［去做］"，或可参看第2部分第6节"能够想要"。

② 文字游戏。职责（Bestimmung）也有"规定"之意，与被规定（Bestimmtsein）相对。

③ es wandelt unter den Göttern。语焉不详，或许关联着神话故事里所说的一句话，原是指众神的敌人（即洛基）在众神中间走动着——Idun wont bei den Göttern in Asgard, wo sie durch ihre Aepfel die Jugend der alternden Götter erneut, darum mögen diese Idun nicht missen. Nun aber *wandelt unter de Göttern ein Feind der Götter und alles göttlichen Lebens*. Eer darf unter ihnen erscheinen, denn in Urzeiten hat er mit Odin Blutbrüderschaft geschlossen. Dieser Feind alles göttlichen Lebens heißt Loki; sein Name entspricht seinem Wesen: finis, consummatio (Freybe 1878 I, 63).

不过是在给他的"能够使用"作装点，为他的"能够使用"所批准。实际上，他哪有什么职责，完全处在一种为事物和生命所规定的状况里，不过是带着自鸣得意的情感，也就是说，不过是基于任性，把这种被规定的状况施展出来而已。他哪有什么大意愿；[他有的，]只是任性，让任性冒充大意愿。他完全没有能力去做供品，哪怕他口头上说过要去做；你要把他看透啊，他永远都不踏实。他不停地插手干涉，[干涉的]目的则是"随便有什么事情发生"！他对你说，为什么不可以帮职责一把，为什么不动用可以够得着的任何手段，只要它能促成目的的实现？他也是这样看待自由人；他只能够这样看待自由人。然而，自由人在这里并没有什么目的，只是在这里动用了手段。自由人有的，只是这样的一个东西：只是一次又一次做决定，朝他的职责奔去。他（按：自由人）有时候，在每个分岔的路口，在决定方面作更新；但他宁愿相信他并没有在活着，也不愿相信他为大意愿所做的决定是有所不足的或者一定还需要什么手段来支撑。他相信；他遇见。但任性人的不相信的心所能感知到的，只是不相信和任性，只是目的设定和手段设计。哪有什么供品、恩典，哪有什么相遇、眼前，一个被目的化、被手段化了的世界就是他的世界；不可能是别的样子[的世界]；这就是灾难。他出于他的整个自鸣得意，无可救药地陷到不真实的东西里；他会明白这一点的，但凡他沉思了他自己——所以，他要对他的灵性的那个最好的部分作这样的导向，[也就是说，]不许沉思，不重视沉思。

　　然而，对已然堕落的状况作沉思，对已失了真的"我"、对真实的"我"作沉思，沉降到树根的根底，沉降到那大概要称作绝

(59)

望的东西那里，沉到那长出了自我毁灭以及重生的东西那里，则就是转身的开始了。

8

《百道梵书》说到，众神和魔魅们有过一次较量。魔魅们说："我们把我们的供品交给谁呢？"他们就把供品都放在他们自己的嘴里。众神则把供品放到彼此的嘴里。于是乎，钵逻阇钵底，即原始的灵，便把自己交给众神。①

（60）

9

——［甲：］"它"的世界，要是只听它自己的，也就是说：不曾为"成为你"所抚摸、融化，已然自行陌生化而成了一座阿

---

① Pradschapati，也作 Pragâpati、Prajapati，即《翻译名义集》（摩诃波阇波提）词条之谓钵逻阇钵底，或谓生主："西域记云：钵逻阇钵底，唐言生主。旧云波阇波提者，讹也。"布伯这里所述，实是《百道梵书》第5卷第1章第1节第1-2段。钵逻阇钵底（生主、万物之主、造物主）有变化之能，在这则故事里他变化为"供品"。布伯这里明确提到了《百道梵书》的书名 das Brahmana der hundert Pfade，应是指 Hermann Brunnhofer 的德译本 Brahmana der hundert Pfade，1910年出版。由于未及时找到这本德文书，只好参考 Julius Eggeling 英译本 The Satapatha-Brâhmana: Once upon a time the gods and the Asuras, both of them sprung from Pragâpati, strove together. And the Asuras, even through arrogance, thinking, ,Unto whom, forsooth, should we make offering? ' went on offering into their own mouths. They came to naught, even through arrogance: wherefore let no one be arrogant, for verily arrogance is the cause of ruin. But the gods went on making offerings unto one another. Pragâpati gave himself up to them: thus the sacrifice became theirs; and indeed the sacrifice is the food of the gods（Eggeling 1894, 1），或可译作："很久以前，众神、阿修罗们进行较量，他们都是从钵逻阇钵底那里出来的。阿修罗们是很自以为是的。他们在想该把供品交给谁呢，就把供品放到他们自己的嘴里了。他们也就输了，当然是由于自以为是了：所以谁都不要自以为是啊，自以为是可是毁灭之源呢！众神则相反，把供品交给彼此。钵逻阇钵底便把自己交给他们：于是，供品就成给众神的供品了；供品便成众神的食物了。"

尔卑斯山，那么这是一件应该理解清楚的事情；怎么会有你所说的那样的事情呢，［也就是说，］人的"我"竟然失了真？生活在联系里也好，生活在联系以外也好，"我"始终都平安地待在自我意识里，待在牢固的金纺线里，用它编织出一些不停变换的状态。我现在说的是"我在看你"也好，说的是"我在看树"也好，或许"看"未必是同样真实的，可"我"是同样真实的。

——［乙：］我们来检查一下，我们来检查一下我们自己，看看是不是这样。语词的形式并不能说明什么；很多挂在嘴边的"你"其实是指"它"，只是出于习惯和迟钝才说成"你"，也有很多挂在嘴边的"它"其实是指"你"，大概只有在远处，带着整个的生命，才会回想起那个"你"曾经就在眼前；所以，有太多的"我"实际上只是一个不能少的代词而已，只是一个必要的缩语，［原本所要说的］只是"这里在讲话的这个人"。但是，自我意识呢？要是这个句子其实说的是联系的那个"你"，那个句子说的则是某个感受的那个"它"，也就是说，要是两个句子其实都说到了"我"，那么［这两个"我"］真的是同一个东西吗，［也就是说，］从同一个东西的自我意识里说出了这两个句子？

基本词"我—你"的那个"我"，并非基本词"我—它"的那个"我"。

基本词"我—它"的那个"我"作为"自有生命"（Eigenwesen，或译：自私生命）出现，有意识地成其为主体（感受和使用的主体）。

基本词"我—你"的那个"我"作为人格出现，有意识地成其为主体性（不带有依赖性的属格）。①

自有生命出现，是由于让自己与其他的自有生命相比较为突出。

人格出现，是由于与其他的人格保持联系。

其中一个是那如自然般的"脱颖而出"的属灵形象，另一个则是那如自然般的"紧紧结合"的属灵形象。

"让自己突出"，目的是感受和使用，目的是"生活"，也就是说，熬过人生大限再死。

联系的目的就是联系自己的生命，也就是说：抚摸"你"。通过抚摸每一个"你"，我们就可以接触到了永恒生命的气息。

谁站在联系里，就分参了一个真实，也就是说：分参了一个并不就是在它自己身上，也并不就是在它自己以外的存在。所有的真实都是一种我有所分参，却不可能将其占有的作用。哪里没有分参，哪里就没有真实。分参会更加完满，只要对"你"的抚摸更加直接。

---

① 依赖性的属格即abhängiger Genetiv，指属格依赖、依托于某个介词、形容词、名词或动词。新约哥林多后书第3章第18节原文是 ἡμεῖς δὲ πάντες ἀνακεκαλυμμένῳ προσώπῳ τὴν δόξαν κυρίου κατοπτριζόμενοι τὴν αὐτὴν εἰκόνα μεταμορφούμεθα ἀπὸ δόξης εἰς δόξαν, καθάπερ ἀπὸ κυρίου πνεύματος, 和合本新标准修订版作——"我们众人既然敞着脸得以看见主的荣光，好像从镜子里返照，就变成主的形状，荣上加荣，如同从主的灵变成的"。在介宾短语 ἀπὸ κυρίου πνεύματος 中，κυρίου πνεύματος 即"主的灵"。κυρίου □πνεύματος 都是属格，二者间存在依赖关系。说 κυρίου 是一个依赖性的属格，依赖属格名词πνεύματος。据此可知，布伯之谓"成其为主体性"而"不带有依赖性的属格"，就是指后面没有跟着一个所有格意味的属格。此种意味的主体性，也就不是一种属于"谁"的主体性。值得注意的是，布伯对主体（Subjekt）、主体性（Subjektivität）作了区分。或可参看下文即第2部分第10节所说的"已然不是单纯的主体，但也并没有成功地发展成为主体性"。

"我"由于分参了真实而更加地真实。"我"会更加真实，只要分参更加完满。

但"我"，从联系事件走进已脱离的状况里、走进自我意识，并没有失去"我"的真实。"我"的里面仍然保留着，仍然鲜活地保存着那份分参；借用一句谈论最高级的联系，却适用于所有联系的话来说则是——"种子仍然保留在里面"。[①]这是主体性的领域，"我"在这里既觉到了"我"的"紧紧结合"，也觉到了"我"的"已脱离"。真正的主体性，其实只能动态地理解，[也就是说，]"我"在其孤独的真理里摇来摆去。这里也是这样的一个地方，那对越来越高级越来越无条件的联系所怀的渴望，那对完满地分参"存在"所怀的渴望就在这里造就着，在这里继续造就着。人格的属灵实体在主体性之中成熟了。

（62）

人格意识到自己是一个分参着"存在"的东西，[意识到自己]是一个[同存在]一起在存在的东西，这样也就是意识到自己是一个在存在的东西。自有生命则意识到自己是一个只能这样而不会是另一种样子在存在的东西。人格说："我在"（Ich bin）；自有生命则说："我就是这样地在"（So bin ich）。"认识你自己吧"[这句话]，人格理解为：你要认识到你是存在，自有生命则理解为：

---

① der Same bleibt in ihm, 语出新约约翰一书第3章第9节。原文 Πᾶς ὁ γεγεννημένος ἐκ τοῦ θεοῦ ἁμαρτίαν οὐ ποιεῖ, ὅτι σπέρμα αὐτοῦ ἐν αὐτῷ μένει· καὶ οὐ δύναται ἁμαρτάνειν, ὅτι ἐκ τοῦ θεοῦ γεγέννηται, 马丁路德译本作 Wer aus Gott geboren ist, der thut nicht Sünde, dem sein Same bleibet bei ihm; und kann nicht sündigen, denn er ist von Gott geboren（Luther 1901 ii, 259），和合本新标准修订版作"凡从神生的，就不犯罪，因神的道（和合本新标准修订版按：原文作"种"）存在他心里，他也不能犯罪，因为他是由神生的"。

你要认识你的"这样的存在"（Sosein）。既然自有生命让自己与其他的自有生命相比较为突出，自有生命便偏离了存在。

这并不意味着，人格"破除了"它的"特别的存在"（Sondersein）、"另一种样子的存在"（Anderssein）；它只是不把这个东西当成是它自己身上值得看重的东西，这个东西不过就是在这里，不过就是一种必然而且有意味的存在状态而已。自有生命则相反，格外在意它的"特别的存在"；毋宁说，其所在意的，是它关于它的"特别的存在"所作的虚构，这是它有模有样地给出的虚构。所谓认识自己，它基本上理解为：创造出一种富有效力的，有能力做到越来越彻底地欺骗它自己的"自我出现"（Selbsterscheinung），并通过直观和推崇这种"自我出现"，创造出一种关于它自己的"这样的存在"的虚假认识；真要是对它自己的"这样的存在"有了真实的认识，恐怕只会导致自我毁灭，或者说，导致重生了。

人格在观看它自己，自有生命所在意的是自有生命的"我的"（sein Mein）：［也就是说，］我的方式，我的种族，我的创造，我的守护者。

自有生命没有分参真实，也没有获得什么真实。它让自己与别的东西相比较为突出，其尽其所能在找寻的，便是占为己有，办法则是通过感受和使用。它的动态机制便是：让自己较为突出、然后占为己有，做这两件事情都紧紧围绕着"它"，围绕着那并不真实的东西。主体已然认识到自己就是主体，却还是尽可能多地替自己去占有，这其实是生长不出实体来的，主体始终是点状的、功能性的，［主体］是进行感受的东西、进行使用的东西，此外则

（63）

不是什么别的。主体的整个有广延的多重的"这样的存在"，主体的整个忙碌的"个体性"，不能帮助它成全出实体。

人其实都一样；但人而为人，有两极。

没有哪个人是纯粹的人格，没有哪个人是纯粹的自有生命，没有哪个人是完全真实的，没有哪个人是完全不真实的。每个人都活在两重的"我"里。但有些人可以说是为人格所规定的，以至于可以把他们称作人格，有些人可以说是为自有生命所规定的，以至于可以把他们称作自有生命。真正的历史就穿行在这两类人之间。

人越是，人类越是为自有生命所左右，"我"就越深刻地陷在不真实里。在这样的时代里，人里面、人类里面的人格便开出一种地下的、隐藏的、好像一点效力都没有的生存——直到人格终于被召唤。

10

人会越来越有人格，如果在人的"我"那种人所特有的"两重"之中基本词"我—你"的那个"我"越来越强健。

人说出了"我"——[或者说，]在说"我"的时候以为说出了"我"，便做了决定！决定一个人该往哪里归属，又该动身向哪里奔去。"我"这个词，是人类真正的口令。 （64）

听啊！

"自有之人"（Eigenmensch，或译：自私之人）的"我"，听起来那么刺耳！它当然能够激起别人的同情，如果它来自一张惨兮兮，由于把自相矛盾隐瞒着而憋得难受的嘴。它当然能够让别人吓得发抖，如果它来自一张混沌般、粗放、无所顾忌、绝不多想地对矛盾进行展示的嘴。如果它来自一张夸夸其谈的油嘴，它会让人为难或讨人嫌。

谁把离散了的那个"我"说了出来并且重重地说第一个大写字母，那就把世界之"灵"（按：或作世界精神）的羞耻给揭开了，世界之"灵"已流俗而为灵性。

但苏格拉底的那般明快，那般坚定的"我"，听起来多么美妙、多么合理！那是一个无穷尽地在谈话的"我"，谈话的空气吹拂着他走的每段路途，哪怕是在法官们面前，哪怕是在最后的狱中时段。他的"我"活在与人的联系里，那联系就体现在谈话里。[他的"我"]相信人们的真实，朝人们走去。[他的"我"]便与人们一同站在真实里，真实再不会离开。它（按：他的"我"）孤独，但断然不是被遗弃。要是人们的世界让它听不到什么，就去听那小魔魅说"你"！①

歌德的完整的"我"，听起来多么美妙、多么合理！那是一个与自然在纯粹地交往的"我"；自然很顺从它（按：他的"我"），不断地同它说话，向它启示奥秘，但并没有泄露奥秘。它相信自然，对玫瑰说"你就是这样的呀"——与玫瑰站在一个真实里。②于是，

(65)

---

① 小魔魅（Daimonion），即δαιμόνιον。参看柏拉图《申辩篇》31c-d："有个神物或灵机（按：小魔魅）附在我身上（μοι θεῖόν τι καὶ δαιμόνιον γίγνεται［φωνή］），这就是梅雷多的状子里以嘲笑的口吻提到的。这是一个声音（［γίγνεται］φωνή），我从小就感到它的降临，它每次让我听见的时候，都是阻止我做打算做的事，却从来不叫我做什么"（柏拉图2004，42—43）。

② 所谓对玫瑰说"就是你呀"（spricht zur Rose: Du bist es also），语出歌德《中德四季晨季杂咏》第10首："世人公认你美艳绝伦，把你奉为花国的女皇；众口一词不容抗辩，一个造化神奇的表现！可是你并非虚有其表（Du bist es also, bis kein bloßer Schein），你融会了外观和信念。不倦地探索定会找到，何以与如何的，法则和答案"（歌德1999 I，327—328）。

在它回来以后，真实的东西的灵留在它那里，对太阳的观看留在幸福的眼睛里，[1] 这眼睛也在沉思眼睛自己的太阳般的特点，[2] 元素之间的友爱[3] 指引这个人（按：歌德）进入死亡和变化的宁静里。[4]

这些紧紧结合了的人格，苏格拉底式的人格、歌德式的人格，

① 考夫曼指出，语出《浮士德》第2部第5幕"深夜"开篇守塔人林叩斯（Lynceus）歌唱的ihr glücklichen Augen，即"幸福的双眸"（歌德1999 II，574；Goethe 1834, 304）。

② 考夫曼指出，来自格言诗集《温和的克塞尼恩》（Zahme Xenien）第3部分的一篇，即 Wär' nicht das Auge sonnenhaft, Die Sonne könn' es nie erblicken; Läg' nicht in uns des Gottes eigne Kraft, Wie könnt' uns Göttliches entzücken?（Goethe 1828 III, 291）。还可参看歌德《颜色论》（Zu der Farbenlehre）"导论"部分的一首格言诗：Wär' nicht das Auge sonnenhaft, Wie könnten wir das Licht erblicken; Lebt' nicht in uns des Gottes eigne Kraft, Wie könnt' uns Göttliches entzücken?（Goethe 1810 I, xxxviii）。一般都认为，这两首文字相近的格言诗，实系歌德对普罗提诺思想内容的改写（Koch 1925, 31; Grumach 1949, 820）。相关联者，乃是《九章集》第1章第6篇第9节——"眼睛如果没有变得与太阳相似的，就永远不可能看见太阳，灵魂如果没有成为美的，就不可能看见美的"（普罗提诺2009，69）。歌德所说的sonnenhaft，原文是ἡλιοειδὴς（Plotin 1964, 104）。这样说来，大概就是"太阳般的"。

③ 所谓"元素之间的友爱"，原文系Freundschaft der Elemente。这是较晦涩的一个用语，应与恩培多克勒有关。恩培多克勒认为万物由元素构成这些元素由于"爱"的作用而结合，由于"争"的作用而分离（参看汪子嵩等1988，823—825）。恩培多克勒残篇讲道，"……在有死者的肢体中的表现广为人知：一个时候，在生命力旺盛的时节，所有肢体都由友爱统领，结为一体；另一时候，由于可恶的争吵力量驱使，它们就各自分开。在生命的边缘漂泊迷离。无论是植物、水中的鱼，还是穴居山林的野兽和展翅云天的水鸟，概莫能外"（泰勒2003，208；参看Diels-Kranz 1960 I, 289；姚介厚2005，248）。Heraclides Ponticus解读荷马史诗，原是用希腊语写的，该著作译本中恰有Freundschaft der Elemente一语。《伊利亚特》第18卷的核心内容是著名的"阿喀琉斯之盾"，盾面上有两座美丽的人间城市，一是和平之城，一是战争之城（参看荷马1994，438—439）。Heraclides Ponticus指出，两座城市的关系俨然就是der Streit und die Freundschaft der Elemente——"元素之间的冲突与友爱"。也就是说，战争之城体现元素之间的冲突，和平之城则体现元素之间的友爱。在他看来，恩培多克勒必定是从"阿喀琉斯之盾"那里得到启发，才有了元素间冲突与友爱的思想（Heraclides Ponticus 1779, 64）。需要提到的是，以下第2部分第13节，谈及两组图，布伯应该是从"阿喀琉斯之盾"的图案当中得到了灵感，哪怕是盾面上的另外一个图案而非"两座城市"图案。

④ in die Stille des Sterbens und Werdens. 考夫曼指出，来自《西东合集》之"幸福的渴望"（Selige Sehnsucht）。原是stirb und werde，即第5节（最后一节）"什么时候你还不解这死与变的道理，你就只是个忧郁的过客，在这黑暗的尘世"（歌德1999 I，261—262；Goethe 1819, 30—31）。

他们那"充分、真正、纯粹"的"说我",在时空中响彻。

也可以提前一步,从那无条件联系的国度那里取来一幅画面:那是多么强有力啊,甚至强有力到了征服的地步,那就是耶稣的"说我",并且那又是多么地合理啊,甚至合理到了不言自明的地步!因为那是无条件联系的"我",这人(按:耶稣)恰由于此而称呼他的"你"为父,以至于他只能是子,其他什么都不是,就是子。不管在什么时候他都是在说"我",他所说的就是神圣基本词的那个把他提升到无条件的东西那里的"我"。他越多地处在"离散"里,"紧紧结合"便越紧;恰透过紧紧结合,他对其他的人讲话。你们想把他的"我"狭隘地理解为一个其自身非常强有力的东西或者把他的"你"狭隘地理解为一个就住在我们里面的东西,于是乎,〔你们〕让就在眼前的联系失了真,你们这样做是徒劳的!"我"和"你"是长存的,每个人能够说"你"、然后〔每个人〕便是"我"了;每个人都能够说父;然后便是子了,真实是长存的。

11

——〔甲:〕那又该怎么办呢,要是有一个人,他的职责要求他只知道同他的事业紧紧结合,不懂得要与一个"你"形成一种真实的关系,不懂得要有一个"你"真切地就在眼前;只知道让他周围的一切都变成"它",能够服侍于他的事业的"它"?该怎么面对拿破仑的那种"说我"?那(按:拿破仑的那种"说我")不是很合理么?像他那般地感受和使用,就不能算是人格了?

——〔乙:〕确实,这位世间的君王不懂"你"的维度。有人清楚地指出：所有的生命之于他，都是valore（按：拉丁语，价值）。他漫不经心地把那些从前追随他，在他倒台以后却说他坏话的人比作彼得，①他却找不出有谁是他能够说其坏话的；因为没有谁他真正当成一个生命！其之于千百万苍生，乃是魔魅般的你，一个不回答的"你"，一个用"它"来回答"你"的"你"，一个假借人格的东西完全虚构地给出回答的"你"——［也就是说，］一个只有在他的疆域里，只有在他的事业所在的那个疆域里，用他的活动给出回答的"你"。这就给历史构成了重要障碍，让"紧紧结合"的基本词失去实在性，失去了"相互作用"的特点：这是魔魅般的你，对其而言不可能有"你"。与人格、自有生命以外的第三个东西，这是自由人、任性人以外的第三个东西，这第三个东西并非介于它们之间，这第三个东西命运般地耸立在一个又一个命运年代里：烧热了一切，自己却站在一团冰冷的火里；数以千计的联系伸向他，他却没有伸出去哪怕一个联系；他没有分参真实，倒是被当成一个真实而无穷无尽地被分参着。

周围的生命，他当成一台台各有其能耐的马达，他的事业可以用得着、用得上。就连他自己，也是这样（只不过，他一定会不断地想办法把他的能耐发挥出来，不觉得他的能耐是有边界的）。就连他自己，也被他当成是一个"它"。

所以，他的"说我"并不明快坚定，也不完整；但也真的不 （67）

---

① 这应该是指所谓"彼得不认主"。耶稣曾预说，他被捕以后，弟子彼得将三次不认主。以新约马可福音为例，可参看马可福音第14章第27—31节、第15章第66—72节。当然，彼得在不由自主地三次不认主以后，想起耶稣作过的预说，惭愧地哭了起来。当然，他的哭未始不是一个新的开始。

是在假装（现代社会的"自有之人"才是这样哩！）。他始终不讲他自己（von sich），其所讲的都是"就本人而言"（von sich aus）。他所讲的"我"，他所写的"我"，不过是他的论断、指示需要一个必要的句子主语而已，哪有什么别的意思！他的"我"没有主体性可言，但也没有以"这样的存在"为特点的"自我意识"，甚至连那种"自我出现"的"妄想"都没有。"我是钟表，挂在这里，不懂我自己"——他终于把他那命运般的东西，把他那个现象的真实性，把他那个"我"的不真实性说出来了。在他被迫与他的事业告别以后，在他终于一定要，然而也只能来讲他自己来思考他自己的时候，他终于开始沉思他的"我"了——他的"我"终于出现了。①所出现的这个"我"已然不是单纯的主体，但也并没有成功地发展成为主体性；摆脱了魅惑，但并没有得到救赎。它说出了一句可怕，既合理又不合理的话："原来所有一切在看着我们哪！"最后，这个"我"又沉了下去，沉到奥秘里。

其人生步伐如此这般，其倒掉又是如此这般，那么有谁可以大胆地宣布说，这个人理解了他阴森森的使命——又或者，这个人误解了他那阴森森的使命！有一点是很清楚的，贵如时代的主人、榜样者如他，已然是魔魅般的人，已然是不［与旁人］在眼前的人，时代当然也误解他。时代哪里知道，在这里（按：指在

---

① 这都是在谈拿破仑下野以后的情形。所谓"我是钟表，挂在这里，不懂我自己"（Ich bin die Uhr, die besteht und sich nicht kennt），出自拿破仑圣赫勒拿岛幽禁期间生活的传记，系其1816年6月7日所说。传记德译本的原话是Ich bin eine Uhr, die existirt, und sich nicht kennt（Napoleon 1823 IV, 124）。

拿破仑身上）作主宰的，是吩咐和执行，而非争权与弄权［之乐］。这颗明星颐指气使，时代却陶醉，完全没有意识到，那上面的图案，仿如钟表盘面上的刻度，究竟都是些什么。时代竭力模仿［他］这种看待人间生命的眼神，却错过了他的难处、他的不得已，偏把这个"我"为事业尽心尽力同膨胀的"自有意识"混为一谈了。"我"这个词，始终是人类的口令。拿破仑把它说了出来，却与联系的能量无关。当然，他说出来的那个"我"，其实是一个执行的"我"。谁要是劳神费力地效仿，也要那样地说"我"，那只会暴露他自己的自相矛盾的无可救药。

（68）

12

——［甲：］这是什么呀：什么是自相矛盾？

——［乙：］要是一个人没有在世界里对联系的那个在先的东西做印证，没有透过相遇的"你"而让原来就有的那个"你"继续发挥作用并使之成真，那么自相矛盾就已在心底里将他压倒了。自相矛盾的展开，是透过不自然的对象，透过不可能的对象，透过"我"；这意味着：它的展开是在没有地方可以展开的地方进行的。于是就出现了自己面对面地往自己那里走去的事情，这种事情当然不可能是联系、眼前，不可能是奔流而来的相互作用，只能是自相矛盾。这人或许想把这事情理解为联系，甚至理解为一种宗教性质的联系，以便摆脱他可怕的分身之事[①]：他一定会不

[①] Doppelgängertum. 所谓自己同自己面对面，当然意味着"分身"。在 1923 年的报告 Von der Verseelung der Welt 里，布伯也说到这一点——wenn er sich selbst gegenübertritt, wenn der

断地发现，这种理解根本就是骗人的。这里是生活的边缘。在这里，一个并没有被充满的东西逃向纯属妄想的"充满"假象里；周围尽是迷途，只能越陷越深。

13

　　有时候，人在"我"与世界之间的那种陌生化当中也感到惶恐，也想该做点什么。该怎么办呢，既然你，在难耐的夜半时分为醒来以后的梦境所苦痛，堡垒坍塌了，深渊在尖声叫唤，你在苦痛中竟然发觉：原来还活着，我只能熬着过生活了——那么该怎么办呢，怎么办？人在沉思的时段里也有这样的情形，惶恐、乱想、没有方向。但也许，也是可以知道方向的，就在下面！凭着对深处那不讨人喜欢的知识，就知道有转身的方向，路上尽是供品。但人把这知识扔掉了；"神秘的东西"当然经不起电太阳的照耀！①这人要传唤的是思想，他愿意——其实也有一定的道理——信任思想：思想可以让他把一切给归整好。思想的高妙艺术，画出一幅可靠也可相信的世界图景。这人对他自己的思想说："看哪，这

Doppelgänger ihm immer wieder erscheint, dann ist das Faktum gegeben, das ich Selbstwiederspruch nennt. Fluchtversuch ist Pseudo-Religiosität (der Doppelgänger erhält einen religiösen Sinn)，或作"如果一个人面对面地往自己那里走去，如果他前面一次又一次地不断出现他的分身，那便是我要称作自相矛盾的状况了。这种逃离的办法是准宗教性（分身也包含有某种宗教意义）"（Buber 2008 X, 35—46）。所谓面前出现分身，这当然是布伯所作的一个比喻。不过，这便意味着见到分身。据Otto Rank所述，见到分身，在德国的民间信仰里指大限将至（Otto Rank 1925, 69）。

① 电太阳，即die elektrische Sonne。据考夫曼所述，布伯在1937年写给史密斯的信里曾对"电太阳"作了解释。这段话的语境是夜半时分，所谓"电太阳"其实是指噩梦醒来，人看见了房间里天花板上的灯打出的灯光（Kaufmann 1970, 120）。

些可怕地横在地上的人吧，眼睛那样狰狞——以前不就是这些人同我一起玩耍！你知道么，他们当时正是睁着这样的眼睛在笑话我，那时他们可都还是好好的呀？看看我的可怜的"我"吧——我要向你承认：它（按：我的"我"）是空虚的，我在我的里面一直在做的事情，出于感受和使用而在做的事情，也不能填补那空洞。你难道不想在我和它之间做一个归整么，把它去掉，让我康复？至于这位擅长服侍、擅长艺术的"思想"，则用他那著名的快捷，画出一组——不，两组画，右边墙上有，左边墙上也有。这面墙上是（其实应该说——发生着，因为思想的世界图景是可靠的胶片放映）宇宙。在群星的旋涡里浮现小小的大地，在大地的熙熙攘攘中又浮现小小的人，然后是历史背负着人往前，穿越一个个年代，穿越一个个像蚂蚁成堆一样的文化，碾过了这一堆往前，又造出一堆来。这组画的底下写着："一切是一。"在另一面墙上（70）发生着的，是灵魂。一位织女在纺线：纺出群星的圆环轨道，纺出所有造物的生活，纺出整个的世界历史；一切都是一根纺线所纺，不再有所谓的星辰、造物，不过都是感觉、表象，甚至只是体验、灵魂状态。这组画底下写着："一切是一。"[①]

一个人要是有那么一次，在陌生化之中惶恐，"世界"让他感

---

① "一切是一"即 Eins und alles，也就是著名的 ἐν καὶ πᾶν。语出赫拉克利特残篇 DK B50，原是 ἐν πάντα εἶναι（Diels-Kranz 1960 I, 161）——"那些不听从我而是听从了这逻各斯、同意一切是一的人是明智的"（泰勒 2003, 120）。按照雅可比（Friedrich Jacobi）的回忆，莱辛在批评斯宾诺莎哲学有泛神论色彩时，就说斯宾诺莎哲学是 ἐν καὶ πᾶν 即"一即一切"。谢林在批评费希特时谈到（参看 Schelling 1859 IV, 109），费希特的哲学是"我是一切"（das ich sei Alles），他的哲学则是"一切是我"（Alles sei = Ich）。这应该是在戏仿这句著名的 ἐν καὶ πᾶν 即一切是一，潜以之与 πᾶν καὶ ἐν（或谓一是一切）相对。

到焦虑，就会抬头看（往右边看，或者往左边看，则随机），看到画面。如果看到的是"我"埋没在世界里，甚至根本就无所谓"我"，世界也就不可能伤害我什么，他就会平静；如果看到的是世界埋没在我的里面，甚至根本无所谓世界，同样也是世界不可能伤害我什么，就也会平静。要是有另外那么一次，人在陌生化之中感到惶恐，"我"让他感到焦虑，就会抬头看，看到画面；不管看到的是哪边的画面，不管看到的是世界把空虚的"我"填成满满的，还是世界洪水把空虚的"我"吞没，他都会平静。

但有一个时刻来了，那个时刻近了，惶恐的人抬头看，电光石火间同时看到了两边的画。将有一种更深的惶恐把他攫住。

第三部分

1

一条条联系的延长线在永恒的"你"那里相交。

每一个单个的"你"都是向永恒的"你"所做的一次眺望。基本词透过每一个已单个化了的"你"，呼唤永恒的"你"。恰由于所有生命的那个"你"的这种中保特点，其与所有生命之间的联系便成为被充满了的，成为没有被充满的。原来就有的那个"你"在每一个联系那里都成了真，在每一个联系那里都不会完美。唯独在与依其本质不可能成为"它"的那个"你"之间的直接联系那里，才会完美。

2

人们用很多名字来呼唤他们的永恒的"你"。当他们歌唱那被他们如此那般地呼唤的东西的时候，他们所想的其实还是"你"：最早的神话故事都是赞歌。后来，这些名字拐进去，便成了"它"的语言；越来越强烈地推动着人们，要让他们把他们的永恒的"你"想成一个"它"，说成一个"它"。但神的所有名字始终都会是已神圣化了的：因为透过这些名字，不只是在讲神，而且还是在向神讲话。

有些人觉得应该合适地使用"神"一词，因为这个词已被滥用了！确实，在人类的所有用词当中就属它，装进去的东西最多。①

---

① 由布伯的回忆可知，与 Paul Natorp 的谈话时，他就谈到 es ist das beladenste aller Mens-

也就是由于这一点，它是最难消失、也最难接近的词。所有关于神的生命和作品所作的错误讲话（此外则没有也不可能别的什么讲话）究竟说明了什么呢，除了说明了这样"一个"真理那就是，所有呼唤神的人，他们所想的其实都是神本身？谁把"神"这个词说了出来，而且是本着"你"的意思［说了出来］，谁就是在呼唤他的生命的那个真正的"你"，即便他从来都脱不开妄想的奴役。他的生命的那个真正的"你"不会为别的东西所限制，他站在一种与它［按：那个真正的"你"］的联系之中，这一联系将其他所有的联系都包括进来了。

即使有谁觉得神的名字羞涩不能出口，甘愿妄想自己就是无神的，但当他带上他整个的已顺从的生命,呼唤他生命的那个"你"，那个不可能为别的任何东西所限制的"你"时，他就是在呼唤神。

3

我们走上路途，遇见一个人迎面走来，也走在路途上，我们当然只懂我们的路线，哪里懂他的路线，他的路线我们只是在相遇时才体会得到。

完美的联系过程,我们是知道的,办法便是我们曾活过的方式,办法便是我们出发走在路途上的方式,办法便是我们的路线的特点。所谓别人，我们只是遇到，我们是不懂的。我们在相遇的时候遇到。但是，我们这就是自不量力了，要是我们把这个别人说

---

chenworte，即"人类的所有用词当中就属宗教装进去的东西最多"（Buber 1994, 12—13）。

成是相遇之外的某个东西。

我们的情况究竟怎样,我们为何要忧愁,这可不是别人的事情,这是我们的事情!这可不是恩典,这是意志!是恩典让我们去关心,[①]当我们朝它走过去,当我们等候着它来到眼前的时候;恩典并不是我们的对象。[②]

"你"面对面地在我跟前。但我走进与"你"的直接联系里。所以,联系乃是被拣选与拣选合一,被动与主动合一。整个生命的一个举动,要是破除了所有的"部分"行动,破除了所有(只是以其边界性特点为根基)的动作感触,那就一定与被动相似。 (73)

这是已变得完全的人的活动性!这活动性,有人称之为不主动,[也就是说,]在人那里活动着的,不再是单个的东西,不再是部分的东西,人也不会由于它而对世界有什么干涉;进行作用的,是那完全的、甘心守在其完全之中、平静地守在其完全之中的人;人已成其为一种在进行作用的"完全"。在这种状况中收获了稳定,便意味着能够走到最高的相遇那里。

这并不意味着要排斥感官世界,将之斥为虚假世界。哪有什么虚假世界,有的就是这个世界!这世界对我们来说是两重的,

---

① Die Gnade geht uns insofern an。蒂利希所说的"终极关怀"(ultimate concern),关联着有一个东西让我们去关怀,那就是 that which concerns man ultimately(参看蒂利希 1999,1140)。其所对应的德语原文,则是 das, was uns unbedingt angeht。这一用语,无论德语,还是英语,已然极富蒂利希特色。这一 angeht 句式(或 concern 句式),给学界带来不少烦恼。自这里则不难看到,同样的句式,布伯《我和你》也颇用心地多次说到。

② 旧版紧接这段文字,原本有一段话,新版予以删去。那段话是——Was wir mit unserm Gelebthaben, mit unserm Leben vom Weg wissen, das ist nicht ein Warten, nicht ein Offensein,或可译作"我们凭着我们曾活过,凭着我们[正在过]的生活,关于那条道路总是有所知道的,那可不是等待,不是敞开"。

因为我们有两重的态度。离散的旗帜，一定要拔掉。也不要"超越感官感受"[1]；所有的感受，哪怕是灵性层面走得最远的感受，都只能把我们交给一个"它"。不要投奔那满是理念和价值的世界：对我们来说它不可能成其为眼前。所有这些，都不可以要。大概有人要问了，那究竟什么才是要的？注意要和规定区别开来。人类精神文明长河摸索创造的一切，都成了规定，从准备到练习，再到沉降（Versenkung）[2]，但其实，已和那特别简单的相遇事实毫不相干。就算一直都要感谢这种练习那种练习使认识或权能有了扩展，但要知道，这些与这里所讲的事情无关。这些在"它"的世界里会有位置，但不能引导着更向前一步，更不会引导着从"它"的世界走出来往前走一步。就规定而言，"动身"（Ausgehen）是不可教的。"动身"是只能画的事情，也就是说，一个人画出了一个圆，把所有不在里面的东西圈到外面。然后就清楚地看到了一件事情，很关键的事情：完美地接纳了"眼前"！

（74）

　　显然，人在"离散"中走得越远，接纳所需要的冒险就越难，其所需要的转身就越彻底；这可不是像神秘主义喜欢说的那样把"我"破除：在每一种联系里，哪怕是最高级的联系，我都是不能少的，毕竟，只有在"我"和"你"之间，才有联系；也就是说，

---

① Überschreitens der sinnlichen Erfahrung，或出自文德尔班《近代哲学史》。文德尔班指出，康德对"理念"（Idee）概念作了新运用，有别于柏拉图原先的使用，也有别于经院哲学之后的使用。但他还说，即便对康德而言，理念终究也还是 ein Überschreitens der sinnlichen Erfahrung，故仍与柏拉图有交集（Windelband 1880 II, 97）。
② 德国学界阐述佛教思想时，常用 Versenkung 指"禅定"（Friedrich Heiler 1922）。

不是破除"我"，而是破除错误的自我维护本能①，恰是那本能，让人躲开那不可靠，不密封，没有绵延，没办法将之看得清清楚楚，又危险的联系世界，逃到对事物的拥有里。

4

与世界上某个生命或"生命性"之间的任何真实联系，都是一对一。散落、孤单、唯一、面对面，这就是联系中的那个"你"。它布满了天空：并不是好像其他什么都没有了，而是其他所有东西都生活在它的光芒里。只要仍然还是联系就在眼前，这个联系的世界的宽度便凛然不可侵犯。可一旦"你"变成"它"，联系的世界的宽度便成了世界上的一种不法的东西，联系的一对一反倒成了一种把"所有一切"都给排斥了的一对一。

无条件的一对一（Ausschließlichkeit）、无条件的包含（Einschließlichkeit），在与神之间的联系里化成一。谁进入了绝对的联系，就不再是什么单个的东西让他关心，不是事物、不是生命，不是地、不是天；一切都包含在联系里！因为所谓进入到纯粹的联系里，不是指不看一切，而是指在"你"的里面看到了一切；不是放弃世界，而是把世界放到世界的根基里。不再看世界一眼，无助于奔向神；在世界上站得稳稳的，也无益于奔向神；但谁在神的里面看世界，谁就站在神的"眼前"里。"这边是世界，那边是神"②——此是"它"

（75）

① 考夫曼提醒说，海德格尔在亲纳粹的氛围里就写过一篇 Die Selbstbehauptung der deutschen Universität。此即海德格尔任职弗莱堡大学校长，1933年5月27日发表的讲话，已收入《海德格尔德文全集》第16卷（Heidegger 2000, 107—117）。
② Hier Welt, dort Gott。参看一部谈耶稣会士的著作里所说的这番话——Der Spruch: „man kann

讲话[①]；"神就在世界里"——还是"它"讲话；其实，不甩掉什么东西，不把什么东西丢下，在"你"的里面把握一切——把握整个世界，赋予世界以其［应有的］权利、以其［应有的］真理，并不是有什么东西错落在神的旁边，而是在神的里面握住一切，这便是完美的联系。

那是找不到神的，要是就留在世界里；那是找不到神的，要是从世界里走了出去。谁带着整个的生命，动身朝他的"你"走过去，把一切世界生命都搬到他那里，谁就找到了那寻觅不到的神。

确实，神是"完全的他者"；[②]但他也是完全的自己（das ganz Selbe）：［他是］完全就在眼前的东西。

确实，神是Mysterium tremendum（按：拉丁语，令人畏惧的神秘），出现，然后扔下！但他也是那对我来说比我的"我"还要离得近的不言自明的东西的奥秘。

要是你钻研事物的生活、有条件性的生活，你会遇上不可消解的东西，要是你拒斥事物的生活、有条件性的生活，你会碰上

---

nicht zweien Herren dienen "，wird die allgemeine Losung. Hier Welt, dort Gott; Hier Verdammniss, dort Seligkeit: entscheide dich, Herz!，或可译作"所谓不能给两个主人服侍，这就是一个普遍的口号。这边是世界，那边是神；这边该死，那边永生；赶紧做决定吧，心啊！"（Julius 1854 I, 34）。

① Es-Rede. 或可参看第3部分第7节所提到的Es-Sprache，第3部分第10节。

② das ganz Andere. 这是奥托《论神圣》关于"神"所给出的一个重要说法，包括巴特、蒂利希在内的众多神学家都深受其影响（Pfleiderer 1992, 105）。在新版里，"确实，神是完全的他者""确实，神是Mysterium tremendum"分别引一段话。在旧版里，则本就是一段话。其中，"确实，神是Mysterium tremendum"，显然来自奥托《论神圣》，与Mysterium fascinosum相关。Mysterium tremendum指"神秘"具有望而生畏的特点，Mysterium fascinosum指"神秘"具有为之着迷的特点。据此可知，"确实，神是完全的他者"一语，布伯也是取自奥托《论神圣》（Otto 1920, 35—37）。需要补充的是，还有学者指出，奥托的"完全的他者"实得益于奥义书，原是Anyad-eva（Reijnen 2000, 208）。

虚无，要是你把生活给神圣化了，你会遇见鲜活的神。

5

人的"你感官"[①]，由于与一切单个的"你"有了联系而对"它"的形成感到失望，便努力要越出这一切，却还是不能走到他的永恒的"你"那里。不要寻觅：没有寻觅神（Gott-Suchen）这种事情，因为在不可能找到神的地方当然什么东西都没有。那就会是一个愚昧而且不会得偿所愿的人，要是他偏离了他生活的道路，一味地寻觅神：无论他［在这当中］是不是收获了孤独的所有智慧、凝聚的所有力量，他都会错过神。相反，要是一个人走上他的路途，怀了希望，希望［他的路途］就是道路；那么，在他的这份希望里，已然真切地表示出了他的努力。每一个联系事件都是一站，［每一次］他都往那带来充满的东西望上一眼；在所有的联系事件里，他都不曾分参那一个联系事件，然而，其实也分参了[②]，因为他已有所准备；他走在他的路途上，是已有所准备的，并非寻寻觅觅；于是他便怀着一份从容面对一切事物，他便怀着一份情怀，给一切事物以帮助。但他在找到以后，心就不会离开它们了，无论他

---

① Du-Sinn。或可参看第3部分第7节所提到的Selbst-Sinn、Seins-Sinn，重心均在于Sinn前面的那个词。

② in allen des einen unteilhaftig, aber teilhaftig auch。史密斯译本翻译得更清晰一些，译作in each event he does not partake, but also (for he is waiting) does partake of the one event。考夫曼译本则略掉了event（实则是Beziehungsvorgang即联系事件），译作in each he thus fails to share, and yet also does share, in the one。所以这里较为关键的便是"那一个联系事件"，其与路途上所有的联系事件都有所不同。有学者将其解读为那一个且是最后一个联系事件（ein und letztes Ereignis），应该说是有道理的（Scherer 1982, 599）。

| 87 |

有没有在那一个［联系事件］里遇到了它们所有。他祝福一切给了他遮挡庇护的住处，祝福一切他［在之后的路途上］还会拐进去的住处。因为找到并非道路的终点，只是他的永恒的圆心。

这是一种没有寻觅的找到；发现了那个东西，它是最初起源的东西，它是起源。"你感官"，当然是不能感到满足的，除非他找到了那个无穷尽的"你"，［"你感官"］从开端起就已让那无穷尽的"你"就在眼前：对它（按："你感官"）而言要完全真实地有那个就在眼前，一定要依托那已神圣化了的世界生活的真实。

这并不意味着，可以依托什么东西把神打开，比如依托自然，把神看成是自然的创始者，依托历史，把神看成是历史的指挥者，

(77) 又或者依托主体，把神看成是在人的里面进行思考的"自己"。[1]这并不意味着，有别的什么东西"被给定了"，［相反，］这就是一个直接、立即、持续与我们面对面的东西：它只能被合适地呼唤，不能被合适地讲出来。

6

与神之间的联系，有人以为核心元素乃是一种情感，视之为依赖感，最近又有称作造物感的。[2]把这个元素抬出来并作规定，

---

[1] als das Selbst, das sich in ihm denkt。这里所说的ihm，必指den Mensch即人。之前分别讲到自然、历史，按照逻辑显然应该是人。史密斯、考夫曼译本都解释为主体（Subjekt），虽无大碍，但并非必要。

[2] 依赖感（Abhängigkeitsgefühl）当然是施莱尔马赫的说法，造物感（Kreaturgefühl）则来自奥托（Rudolf Otto）。《论神圣》第3章 Die Momente des Numinosen. Das Kreaturgefühl als Reflexäußerung des Numinosen im Selbstgefühl, 恰集中阐述"造物感"。奥托在阐述造物感的时候，也谈到了施莱尔马赫的"依赖感"概念（Otto 1920,9）。

当然很好。可要是像这样，仿如失去了重心般地对它进行强调，则恐怕并没有把完美联系的特点讲清楚。

之前关于爱讲过的那些话，[1]这里体现得更加清楚：情感只是跟随着联系的事实，[2]联系不在灵魂里，而是在"我"和"你"之间展开。有人愿意从精髓层面（essentiell）理解情感，不过，情感始终都不能摆脱灵魂的动态性质，[也就是说，]一种情感很快会被另一种情感赶上、超过、破除；情感与联系不一样，情感是在一个天平上。更重要的是，每一种情感都是在一种极性的张力中找到位置；情感的色彩、意味，并不完全来自其自身，也来自[与情感]对立的那个极；每一种的情感都以对立为条件。绝对的联系，原本真切地将所有相对的东西包含在内，不像相对的东西那样是部分而是整体，是所有相对的东西的完满，是所有相对的东西化成一，可到了心理学里面，绝对的联系也相对化了，因为它成了一种被抬出来，[于是]被限制住了的情感。

停在灵魂层面，只会把完美的联系理解为一种两极性的东西，（78）
不过是coincidentia oppositorum（按：拉丁语，对立的东西的和谐），[不过就是]对立情感的合一。当然，其中一极，既然为宗教的人格论调所压制，对于喜欢往回张望的意识来说，便经常是潜隐难见，只有通过最纯粹、最没有束缚的深层沉思才能被想起。

---

[1] 参看第1部分第18节。

[2] 考夫曼指出，旧版并非"联系的事实"，而还有两个作限定的形容词（Kaufmann 1970, 129）。实是das metaphysische und metapsychische Faktum der Beziehung，或可译作"联系的形而上、心而上的事实"。

是啊，在纯粹的联系里你确实觉得自己是完完全全地依赖着，其他任何联系你都不会有这样的感觉——［同时］也完完全全地自由，除此以外任何时候任何情形下你都不可能［有这样的感觉］；［确实觉得自己是］造物般的——又是像造物主般的。这时你不再觉得自己只是有其中一个而为另一个所限制，反倒觉得没有限制地有这两个，两个一起［拥有］。

你需要神，远甚于你需要所有的东西，这一点你心里时时刻刻都很清楚；难道你不知道么，神也需要你，在其丰满的永恒里需要你？怎么可能会有人呢，如果神不需要人，怎么可能会有你呢！你需要神，是为了存在下去，神也需要你——为了那乃是你生命之意义的东西。许许多多的教诲、诗歌都在讲，还讲得很多：其实尽是些沉闷又自负的讲词，居然讲"生成中的神"！① 不过

① Der werdende Gott，是一个有悠久传统的用语，主要有两种指涉。其一，它是指并非神灵的东西，出自柏拉图《蒂迈欧篇》。《蒂迈欧篇》谈神灵造宇宙，曾把宇宙说成 τὸν ποτὲ ἐσόμενον θεòν，而与神灵本身即 ὄντος ἀεὶ θεοῦ 形成对比（参看34a-b）。所谓 τὸν ποτὲ ἐσόμενον θεòν，恰如洛布本兰姆（W.R.M. Lamb）所翻译的那样，是 the god which was one day to be existent，即"以后会存在的神灵"。在《蒂迈欧篇》的语境里，存在与生成是一个重要的对子。神灵乃是从来都在存在的，并非生成而来，也非在生成之中。就此而言，所谓"以后会存在的神灵"，确实可以理解为"生成中的神"。德语传统以 ein werdende Gott 谓之，大抵就是基于这一道理。换而言之，这个词出现在《蒂迈欧篇》里，其实是有戏谑意味的，原是一个自相矛盾而不能成立的用词。真正的神灵不会变化，不在生成之中。所以，以柏拉图为源头的 der werderde Gott 并不真的是指神灵，而是指非神灵的东西——在柏拉图那里是宇宙。在后来有些思想家那里，则有可能会延伸至"人"，而只要这样使用，必定还是带有戏谑色彩。第二种指涉必定与第一种指涉有关，但意味已有不同。在第二种指涉里，"生成中的神"确实是指神灵。也就是说，这关联着一种特别的有神论。如海德格尔研读谢林"自由论文"，就果断地指出谢林的思想乃是"生成中的神"——ein werderder Gott（海德格尔1999，169）。关于谢林后期哲学（自1809年以后），这也是一种很常见的概括。通常还都会把谢林后期哲学的"生成中的神"学说，同伯麦（Jakob Böhme）联系起来（Meier 1844，149）。有学者在梳理伯麦及其批评者科尔贝格（Colberg）之间分歧时谈到，科尔贝格坚决

是已在存在的神进行生成而已，这是我们心里都很明白的。世界不是富于神性的游戏，它是富于神性的命运！有了世界，有了人，有了人的人格，有了你和我，这就是富于神性的意义！

造化——造化在我们身上发生，造化照亮我们，造化的光芒环绕着我们，我们颤抖我们晕眩，我们匍匐拜倒。造化——我们分参了它，我们与那作创造的相遇，我们努力要凑到他跟前，他是帮助者啊，他是同伴！（79）

有两个重要的仆人穿梭时空，那就是祷告、供品。祷告者在毫无保留的依赖中倾诉，觉得——还真没办法解释！——能够传到神那里，哪怕并不能从神那里传来什么；因为要是祷告者不再向往什么，他就会看到神的作用在最高级的火焰里燃烧。摆供品者？我其实并不鄙视，其品格端正，然而是史前时代的奴隶，竟以为神真的渴望燔祭之供品的香氲；他竟然，以这样愚蠢又有力的方式，认为人们能够而且应该给神东西；他居然还觉得，谁要是带上小意志，就会在大意志里与神相遇。① "［你就］随了你的意

反对伯麦的"生成中的神"学说，尤其反对其中的"非根据"（Ungrund）学说——伯麦认为，在非根据之中已包含了万事万物的原始质料即 prima material aller Dingen（Maillard 2006, 282—283）。换而言之，有神论式的"生成中的神"学说核心是神灵与世界一同形成，这与神学正统所说的永在的上帝造世界的理论是有区别的。布伯所不能认可的"生成中的神"学说，究竟是哪一种指涉，确实不好断言。相对来说，这里更倾向于是第一种。也就是说，他批评"生成中的神"学说，是批评它把不能看成神灵的东西当成神灵。尼采《人性的，太人性的》第1卷第5章第238条，特别谈到"生成中的神"，或可供参考（尼采2005，172—173）。

① 小意志是 kleiner Wille，大意志是 große Wille。或可参看康德在道德哲学课稿里所说的一段话："自由行动是善的，第1种情况是通过后果（按照程度），这是在自然层面善。自由行动是善的，第2种情况是通过意图（按照程度），这是在道德层面善。衡量的标准在这两种情况里是不一样的：小意志、大能力（Kleiner Wille und großes Vermögen），恐怕道德层面的善就要差一些，

| 91 |

志去吧！"①这就是他说的话，真理还会补上一句："要通过我啊，你是需要我的。"究竟是什么把供品、祷告同魔法区别开了呢？魔法想在不进入联系的情况下就能进行作用，要在空虚中施展技能；供品、祷告则是"在面前"，进入神圣基本词的完满里，这便意味着相互作用。它们说的是"你"，也在感知着"你"。

打算把纯粹的联系理解为依赖，意味着打算使联系的其中一个载体失真，从而进一步意味着打算使联系也失真。

7

哪怕从相反的角度来说，事情还是差不多，[也就是说，]哪怕是把沉降到"自己"那里或移动到"自己"那里，看成宗教行为的核心元素，不管是剥去了一切属我的有条件性，还是把"自己"理解为一个在思考、在存在的东西。前一种考察方式以为，神进入了那还没有我的生命里，又或者，是那还没有我的生命，动身朝神走去，后一种考察方式则直接把自己里面的自己，当成是富于神性的东西；前者以为，在最高级的那一刻就没有"说你"了，因为那里已经没有了二（按：我和你是两个），后者则认为，本来就不该有"说你"[这样的事情]，因为本来就没有二；前者切望

哪怕是很大的善行；大意志、小能力（Großer Wille und kleines Vermögen），恐怕道德层面的善要更足一些，哪怕善行其实很小。"如此说来，就康德而言，所谓小意志、大意志，关联着与道德律令相称的理性有强弱之别。布伯所说，或与之有相通处。

① Dein Wille geschehe，出自新约马太福音第6章第10节，路德译作 Dein Wille geschehe auf Erden wie im Himmel（Luther 1901 ii, 8）。参看和合本新标准修订版："（所以，你要这样祷告：我们在天上的父，愿人都尊你的名为圣。愿你的国降临；）愿你的旨意行在地上，如同行在天上。"

合成一，后者切望人的东西与富于神性的东西同一。两者都说有一个东西在"我""你"以外，前者说是一个生成之中的东西，比如在狂喜中就是如此，后者则说是一个本来就在存在的东西，一个将自己——比如通过进行思考的主体的自我观看——启示的东西。两者都破除了联系，前者破除的方式是动态的，"我"被"你"吞噬了，然而这个"你"已然不是"你"，而是独自存在的东西，后者破除的方式则是静态的，"我"退化成了"自己"，这个"我"又自己把自己认识成独自存在的东西。"依赖"理论几乎看不见纯粹联系之为世界拱顶所具有的"我"之承载者特点，也就不再相信这个世界拱顶有承载的能力，而在沉降理论中，第一种沉降把拱顶推至完满，然后使拱顶消失，第二种沉降则认为拱顶根本就是一个必须要破解的虚妄画面。

沉降理论都以著名字句作标志。第一种沉降征引《约翰福音》所说的"我与父原为一"，[①]第二种沉降征引香底利耶（Sandilya）的理论："那包含万事万物者，其实就是内心里的我的自己。"[②]

［两个］格言，路径完全不同。第一个格言（如河流在地底下奔腾以后），从一位人物那仿如神话的生活里产生，然后体现在［他的］教导里，第二个格言则来自于教导，流进（尤其！）一位人 (81)

---

① Ich und der Vater sind eins，语出约翰福音第10章第30节（Luther 1901 ii, 121）。

② Das Allumfassende, dieses ist mein Selbst im inneren Herzen. 据考夫曼注释可知，出自 Khandogya Upanishad III.14.4，Walter Kaufman 取 Max Mueller 英译。所谓 *Khandogya Upanishad*，亦作 *Chandogya Upanishad*，即《歌者奥义书》。参看黄宝生译本第3章第14节第4句："包含一切行动，一切愿望，一切香，一切味，涵盖这一切，不说话，不说声。这是我内心的自我。它是梵。死后离开这里，我将进入它。信仰它，就不再有疑惑。香底利耶，香底利耶这样说"（黄宝生2010，159）。

物那仿如神话的生活里。^①格言所特别具有的内涵，分别沿着这样的路途进行变化。约翰福音路径的基督，［也就是说，］那真切地变成了肉身的词^②，带出了埃克哈特所说的基督，［也就是说，］基督是神永久地在人的灵魂里生育出来的^③；奥义书把"自己"送上王位，有一个说法那就是"它是真实的东西，它是自己，它就是你"，^④于是很快就有了佛教要把"自己"赶下王位的说法，"哪有什么自己，又有什么属于自己！"^⑤

两条道路都想把起点、终点割裂开来进行考察。

"原为一"（按：前所引《约翰福音》）的说法是不能成立的，这一点每个一段又一段地认真读过约翰福音的人都很清楚。那真是一篇关于纯粹联系的福音。同总能见到的那句修道者们常说的话——"我就是你、你就是我"相比^⑥，其给出了更加真切的东西。

---

① 分别指（基督教）耶稣基督、（佛教）乔达摩·悉答多。

② 指道成肉身。这里把Wort都译作"词"。

③ den Gott ewiglich in der Menschenseele zeugt。关于埃克哈特的原文，或可参看——Hier ist uns zu verstehn gegeben, dass wir ein einziger Sohn sind, den der Vater ewiglich aus dem verborgenen Verstand der ewigen Verborgenheit geboren hat, indem er im ersten Beginne der reinen Erstheit blieb, die da eine Fülle aller Reinheit ist（Eckhart 1903, 114）。

④ Das ist das Wirkliche, es ist das Selbst, und das bist du。考夫曼指出，出自 Khandogya Upanishad VI.8.7，亦往复见于 VI.9.4, 10.3, 11.3, 12.3, 13.3, 14.3, 15.2, 16.3。Walter Kaufman 取 Max Mueller 英译——It is the True. It is the Self, and thou, O Svetaketu, art it。参看黄宝生译本第6章第8节第7句："这个微妙者构成所有这一切的自我。它是真实，它是自我，它是你，希波多盖杜啊！"（黄宝生 2010, 197）。

⑤ Ein Selbst und ein Selbstgehöriges ist in Wahrheit und Wirklichkeit nicht zu erfassen。参看《杂阿含经·五阴诵第一》第5卷第103章《差摩经》（所谓 Khemaka sutta）："差摩比丘语陀娑言：我于彼五受阴能观察非我、非我所"（《杂阿含经》1999, 93）。所谓"非我，非我所"，应该就是这里所译的"哪有什么自己，又有什么属于自己"。至于五受阴（或作五取蕴），即色、受、想、行、识，即 Körperlichkeit、Gefühl、Wahrnehmung、Gestaltungen、Bewußtsein。

⑥ der geläufig Mystenvers: „Ich bin du und du bist ich"。所谓 Mysten，就希腊宗教研究而言常指

父、子，[这两个]生命相同的东西——我们甚至应该说：神、人，[这两个]生命相同的东西，真切地就是两位，是原始联系的[两个]承载者。[所谓"原始联系"，]其从神到人，是差派、诫命，其从人到神，则是颤抖、倾听，其在神与人之间，则是认识、爱。在原始联系之中，子向"更大的那位"鞠躬，向他祷告，尽管父就住在子的里面并在子的里面进行作用。现代的所有努力，硬要把"对讲"的这种原始真实，解释成"我"同"自己"抑或与之相类的东西之间的某种关系，解释成一个封闭在人的洋洋自得的内心性之中的过程，但那都是徒劳！它是那深不见底的"失真"史的一部分。

——［甲：］那么，神秘主义呢？神秘主义讲，要怎么做，就能体会到一而非二。难道要去质疑神秘主义这种讲法的可信性？

——［乙：］我所在意的是，这里说的"发生的事情"（Geschehnis），当然是一件发生的事情，但还是两种发生的事情。两种并不就是两个。神秘主义在讲述的时候却混为一谈了；我以前也做了同样的事情。

其中一种［发生的事情］是灵魂的化成一。①这不是什么在人、神之间形成的事情，而是在人的里面形成的事情。所有的能量聚

一种较高级的宗教成员，这里权且译作"修道者"。所谓 Ich bin du und du bist ich，或相应的希腊语原文 ἐγώ εἰμι σύ καὶ σύ ἐγώ，出现在较多的灵知派作品中。如 Ferdinand Chrisitan Baur 谈到，《夏娃福音》（*Evangelium der Eva*）说道——Ich bin du, und du bist ich, wo du bist, bin auch ich, und in allem bin ich zerstreut（Baur 1835, 193）。又如 Poimandres（系 Corpus Hermeticum 即赫尔墨斯总集的其中一篇），也有这一语句（Wiesheu 2006, 296; Reitzenstein 1906, 21）。

① Einswerden。旧版所给出的，不是德文，而直接是希腊语 ἕν ἐσμεν。约翰福音第10章第30节的希腊原文，正是 ἐγώ καὶ ὁ πατὴρ ἕν ἐσμεν。

集到核心处，所有想排解的东西都被控制住，只有生命立于自己的里面，或者说，就像帕拉塞尔苏斯（Paracelsus）所说的那样，兴奋地庆祝着。[①]这可是人的关键时刻！没有那个时刻，人就不能成其为灵的作品。在那个时刻：要在最里面做决定，想清楚那个时刻的意思究竟是指作足准备还是指放松歇息。既已凝聚成了一，人便能够成功地做到了与奥秘、与得救完美相遇。但人也能够享受"凝聚"的欢乐，重新回到"散开"而并不会背弃[必须要履行的]最高义务。[②]我们的道路上，只有决定：[不过是]觉得肯定对的[决定]，朦胧有预感的[决定]，心有所感的[决定]；[③]最里面的决定乃是原始地心有所感的决定，在规定方面最强健有力的决定。

另外一种发生的事情，则是一类无法穷究的联系行为，竟虚妄地以为两个成了一个，所谓 ein und ein vereinet da liuhtet bloz in bloz（按：古德语，或可译作：这一个与那一个合为一个，赤诚地在赤诚之中闪烁着）。[④]"我""你"都沉降了，刚才还与神性相对而立的人性在神性中迈起大步，于是乎便有了荣登仙班、羽化成神、

---

① Exaltation 是帕拉塞尔苏斯经常使用的一个概念，且往往就是 in seiner Exaltation（这里译作"兴奋地"）。它来自拉丁语 exaltare，意为"提高""上升"（Schulz-Basler 2004, 364—368）。

② 关于凝聚（Sammlung）、散开（Zerstreuung），就不能不提到后来本雅明的那部名篇《机械复制时代的艺术作品》，尤其是第 18 节（Benjamin 2015, 27—28；本雅明 2002, 62—63）。

③ gemeinte, geahnte, geheime。这里均作意译，尤其把 geheim 意译为"心有所感"。

④ 布伯出版的著作 Ekstatische Konfessionen，题词就是这句话，并注明出自埃克哈特，即 Daz einez daz ich da meine daz ist wortelos. Ein und ein vereinet da liuhtet bloz in bloz. Meister Eckhart（Buber 1921, 4）。其原文，或参看——Daz einez, daz ich da meine, daz ist wortelos. Ein und ein vereinet da liuhtet bloz in bloz（Pfeiffer 1857, 517）。布伯在这里引用的这句话，考夫曼译作 One and one made one, bare shineth in bare（Kaufmann 1970, 134），Esther Cameron 译作 Wordless is the one thing which I have in mind. One in one united, bare in bare doth shine（Buber 1996, III）。

凌绝顶［的感觉］。^①但要是谁，如此这般荣升以后，又重新回到 ⁽⁸³⁾
地面机构那窘迫的情形里，怀着一颗已有所觉的心灵沉思这两者，
那么对他来说，存在岂不是一定成了裂开的，岂不是一定要把无
可救药的那个部分丢掉？［若是这样，那么］对我的灵魂又会有
什么帮助呢，就算重新从这个世界走出，重新到那统一的境遇里
陶醉，毕竟，这个世界必然是完全没有分参那统一——［换而言之，］
已然是一种撕裂了的生活，就算是"喜悦神"，^②又能怎样？要是那
特别富有的天上一刻，真与我贫穷的地上时时刻刻一点关系都没
有，那么我该怎么办，［要知道，］我可还是要在地上活下去，我
可还是要很严肃认真地继续活下去？所以，也就一定要充分地理
解为什么有些大师不允许有那种因合一的狂喜而来的喜乐。

哪有什么合一！我要拿这样一些人作比喻，他们在那有所充
盈的 Eros（按：情爱）的激情里，因拥抱的神奇而感到陶醉，他
们原本知道的"我""你"便沉入此种并不存续也不可能存续的
"统一"情感里。狂喜者们称作合一的那个东西，实是联系所具
有的可使人陶醉的动态能量；并非尘世时间当中这一刻的统一将
"我""你"融化，而是坚定不移地面对面站立的［两位］承载者
（按：指"我""你"）面前有那联系本身的动态能量，它让陶醉了

---

① Verherrlichung, Vergottung, Alleinheit。这里均作意译。

② Gottesgenuß，应就是 Genießen Gottes。这是一个传统用语，来自拉丁语 fruitio Dei，通常
认为可回溯到奥古斯丁那里。奥古斯丁在 De beata vita 4,34 谈到，animo deum habere, id est
deo frui，译成德语便是 mit dem Geist Gott haben, d.h. Gott geniessen（Krause-Müller 1979 IV, 667;
Lorenz 1950, 75—132; Haussleiter 1959, 292）。

的那一位在那样的情感里（按：指陶醉）看不见这里其实是两位。[①]
之后在这里主宰的，则是联系行为的一种走到了边缘的升级形式；[②]
联系本身，联系的生机勃勃的统一，带来了那样猛烈的感觉，以
至于联系的［两位］成员（按：指"我""你"）在联系面前显得
那样地苍白柔弱，以至于在联系的活力以外，那个"我"、那个"你"
竟被遗忘，而所谓联系，原是在"我""你"之间缔造的！这乃是

(84)　边缘现象中的一种，［也就是说，］真实向边缘延伸，于是消失在
边缘。但对我们来说，比存在的边缘上所有那谜一般的网络更为
重要的，其实是尘世生活日复一日均以之为核心的那个真实，它
是枫树枝头的一缕阳光，隐约送来永恒的"你"的消息。[③]

　　另一种沉降理论则不太一样，它主张"所有一切生命""自己
生命"原就是一个东西[④]，所谓说"你"，并没有把终极真实带来。

　　该理论还对这一主张作了解释。奥义书说到，众神中的因陀

---

① die［…］sie dem Gefühl des Verzückten verdecken kann，这里把"遮盖"（verdecken）意译为"看
不见"。

② 形容词randhaft，来自Rand，意为"边缘"。布伯是在"核心－边缘"对立（zentral-randhaft）
的意味上来使用它的，类似于神秘主义传统术语里"圆心－圆周"之对立（Mitte-Peripherie）。
谢林《艺术哲学》中译本第一句话，其实就是谢林在借用"圆心－圆周"的套话。当然，
中译本的前十页，其实并不属于谢林《艺术哲学》，原是谢林《学院讲课录》第十三讲。

③ auf der Ahnung des ewigen Du，直译是"预感到了永恒的你"。

④ das Allwesen und das Selbstwesen dasselbe seien。所谓Allwesen、Selbstwesen，一如之前对
Naturwesen、Weltwesen等所作的处理，权且译作"所有一切生命""自己生命"，重心在"所
有一切"在"自己"。有学者曾以关键词形式，对近代哲学史上诸多名家的思想进行概括。
或有诡异之处，聊作参考。如斯宾诺莎哲学的关键词是Ein= und allfaches Ein= und Allwesen，
莱布尼茨哲学的关键词是einfaches vorstellendes Seynwesen，康德哲学的关键词是einfaches
Formwesen，费希特哲学的关键词是einfaches subjektives Selbstwesen，谢林哲学的关键词是ein=
und vielfaches objectiv=subjectives Selbstwesen，等等（Baggesen 1858 I, 34）。

罗（Indra）来到钵逻阇钵底面前，钵逻阇钵底是造物主之灵。[①]
因陀罗想知道，到底要怎么做才能找到自己、认识自己。[②]他当学生，
一当就是一百年。中间有两次，由于学得不好而被劝退。最终他
还是学到了："要是有人睡得很沉，连梦也没有，非常安稳，那么
这就是自己，就是不朽的东西，就是确实有保障的东西，就是一
切生命。"因陀罗离开了，可又有一个想法难住了他；只好转回来
接着问："在这样的情形里，啊，尊贵的你哪，这个人岂不是并不
知道他有自己，并不知道'这是我'！并不知道'那些是生命'！
他已倒在毁灭里了。所以我不觉得这有什么好。""先生哪，事情
完全就是这样。"钵逻阇钵底回答说。[③]

　　既然该教导清楚谈到了真正的存在，那么无论它说得对不

① Schöpfergeist。在基督教神学方面，这是圣灵论（pneumatologie）领域的用语，布伯或许较
为熟悉。

② 《歌者奥义书》第8章第7节第1至2句。参看——"生主说：'这个自我摆脱罪恶，无老，
无死，无忧，不饥，不渴，以真实为欲望，以真实为意愿。应该寻找它，应该认识它。一
旦发现它，认识它，就能获得一切世界，实现一切愿望。'天神和阿修罗双方都知道了这一
点。他们都说：'我们要寻找这个自我。找到了它，就能获得一切世界，实现一切愿望。'于是，
天神中的因陀罗和阿修罗中的维罗遮那出发。他俩不约而同，手持柴薪，来到生主身边。"（黄
宝生2010，219）

③ 考夫曼指出，出自《歌者奥义书》第8章第11节第1至3句。参看——"'它进入熟睡，
彻底平静，不做梦。这是自我。它不死，无畏，它是梵。'于是，他安心地离去。然而，他
还没有回到众天神那里，就发现其中的危险：'按照方才所说，它在此刻不知道自己，不知
道我是它，甚至也不知道其他这些生物。它实际上已经毁灭。我实在看不出其中的好处。'
于是，他又手持柴薪，返回。生主询问他：'摩伽凡啊，你已经安心地离去，现在又回来，
想要什么？'他回答说：'按照方才所说，它在此刻不知道自己，不知道我是它，甚至也不
知道其他这些生物。它实际上已经毁灭。我实在看不出其中的好处。'他说道：'确实是这
样，摩伽凡！但是，我会继续为你讲解。你就再住上五年吧！'因陀罗又住了五年。这样，
总共一百零一年。因此，人们说：'摩伽凡在生主那里过了一百零一年梵行者的生活。'"（黄
宝生2010，222）

对——毕竟，在［我们所过的］这个生活里没办法说清楚——它都已经跟这样的东西一点关系都没有了：那就是我们在其中过活的真实世界；它一定要贬低这个真实世界，说成是虚假的世界。既然该教导包含着指导，指导如何沉降到真正的存在那里，那么，它不把我们往我们在其中过活的真实世界里带，它把我们带向"毁灭"，在那里主宰的将不是意识，从那里引伸不出记忆，那里的人会认为边界词"不二"就是关于毁灭的感受，却也并没有把不二说成是统一。

（85）

但我们还是想神圣地守护我们真实世界的神圣财富，这财富赠送给了我们原是为了这一生而并非为了别的更靠近真理的下一生。

在我们于其中过活的真实世界里，并没有什么存在的统一。真实只在作用中存续，真实之能量与深度只在作用之能量与深度中存续。就连"里边"的真实，也只是在有相互作用时才有。当万事万物都在作用之时，便有了最强健、最深刻的真实，那就是无所保留的完全的人与包含万事万物的神，那就是已统一的"我"与没有界限隔阂的"你"。

所谓已统一的"我"：在我们于其中过活的真实世界里灵魂会化成一，能量聚集到核心处，那对人来说可是关键时刻（前面我已讲过）。但这跟沉降理论还不太一样，并不拒斥真实的人格。沉降所想保全的，只有"纯粹的东西"，本真的东西，在持续的东西，至于其他东西则都要抹去；对聚集而言，本能层面的东西并不就是很不纯粹的东西，感官层面的东西并不就是圆周层面的东西，

| 100 |

心情层面的东西并不就是转瞬即逝的东西——所有这些一定都要包括进来，都要控制好。聚集所想要的，决不是一个截断了的自己。它想要的，是完全的没有缩小的人。它只想着真实，并且它就是真实。

沉降理论所要求、所承诺的，是寻访那进行思考的东西，"对这个世界进行思考的东西"，寻访纯粹的主体。但在我们于其中过活的真实世界里，没有被思考的东西就不会有进行思考的东西，也就是说，进行思考的东西要依托被思考的东西，被思考的东西也要依托进行思考的东西。一个把客体废黜了的主体，也破除了作为真实的东西的自己。在思考中，自为地就有进行思考的东西，它是思考的结果，也是思考的对象，它是无法被表象的边界概念；然后，在预先就知道会来的死亡面前，其实也可以用关于死亡的比喻来代替死亡，也就是说，怎么猜都猜不透的沉睡，同样也有进行思考的东西；最后，沉降依其本质固然是没有意识、没有记忆而在存在的东西，但对与沉睡相似的沉降所作的教导，其表述当中仍有一个进行思考的东西。这些俨然是"它"语言①达至最高的顶峰！这些"它"的语言如此决绝，其崇高的能量确实值得景仰，而在这样景仰的同时，便要知道这是［我们］应该体验，但［我们］决不要那样过的生活。

佛之为"已完满者"兼送来完满者②，并不说话。他绝对不说有统一绝对不说没有统一；绝对不说经历过沉降之所有试探的人

（86）

---

① Es-Sprache。或可参看第3部分第4节所提到的Es-Rede。

② 原文是 der „Vollendete" und der Vollender。

死后会在统一中存续绝对不说那样的人死后不会在统一中存续。他的绝对不说，他的高贵的沉默，要用两种方式来解释——理论的方式：所谓完满，指已超然于思考与言说的种种范畴；实践的方式：单只揭示生命构成，[1]并没有奠定一种真正得了救的生活。两种解释完全可以并行不悖：谁要是以在存在的东西为言说的对象，就把在存在的东西带到"它"的世界的分裂[2]、反题中——那就不会有得救的生活。"如果，啊，和尚哪，这样的观点是有效的，灵魂、身体竟然是一样的东西，那就不会有得救的生活；如果，啊，和尚哪，这样的观点是有效的，灵魂是一个东西，身体又是一个东西，那么也不会有得救的生活。"[3]不管是在观看到的奥秘里，还是在我们于其中过活的真实世界里，真正在主宰的，并非"事情就是这样"，也非"事情并不是这样"，并非存在，也非不存在，而是事情既是这样也是那样，而是既存在也不存在，而是难解难分。与不分裂的奥秘不分裂地面对面站立的，是"得救"这一原始前提。佛，便是那些很明白这一点的人当中的一位。像所有真正的老师

（87）

---

① Wesensbestand。

② Schiedlichkeit。Walter Kaufmann 误以为是布伯的创造，实则是伯麦爱用的词。如伯麦《恩典的选择》（*Gnadenwahl*）第8章第8节谈到，Jedes Wesen hat in sich Gutes und Böses, und in seiner Auswicklung, indem es sich in Schiedlichkeit führt, wird es ein Contrarium der Eigenschaften, da eine die andere zu überwältigen sucht. 按照伯麦的思想，自"非根据"（Ungrund）有了分裂以后，便有了正题、反题、合题的辩证过程（Bastian 1905, 45）。

③ Wenn, O Mönch, die Ansicht obwaltet, Seele und Körper seien wesenseins, gibt es kein Heilsleben; wenn, o Mönch, die Ansicht obwaltet, die Seele sei eins und der Körper ein andres, auch dann gibt es kein Heilsleben。出处仍有待查。wesenseins 有别于 wesensgleich，其根源于基督教早期神学的耶稣性质之争。尼西亚信经所说的 homoousios 即 wesenseins，指耶稣与上帝是"一"。但 Athanasius 所说的 homoiousious 即 wesensgelich，则只是说耶稣与上帝"同"。

一样，他要教的，不是观点，而是道路。有一个说法他一定要反对，那是"蠢人"的说法，以为无所谓行动，无所谓活动，无所谓能量：过一天是一天而已。[①]有一个说法他是冒着险也要讲出来的，那可真是一个非常关键的说法："啊，你们这些和尚哪，有一个东西不是生出来的，不是生成的，不是被创造的，不是被塑造的。"[②]要是没有这个东西就不会有目标，只要有了这个东西道路就有要去的目标了。

既然要忠实于我们所遇到的真理，那么我们就只能跟随佛走到这里了：往前再走一步，怕是要对我们生活的那个真实不忠实了！依据那我们没办法从我们的里面收获出来而一定是恩赐给我们分配给我们的真理与真实，我们很清楚地知道：如果那是众多目标当中的一个目标，那么我们的目标便不可能是它，如果目标就是它，那么一定是把目标弄错了。并且，如果它是众多目标当中的一个目标，那么也许真会有道路一直通到那里，如果目标就是它，则道路最多只能离它越来越近。

关于目标，佛说得很清楚，那就是"破除痛苦"（按：或谓"苦灭"），也就是破除生成、破除消逝：摆脱生轮。[③]要荡开对生存的

---

① man kann den Weg gehen，直译即"能够走在路上而已"。

② „Es gibt, ihr Mönche, ein Ungeborenes, Ungewordenes, Ungeschaffenes, Ungestaltetes"。语出《如是语经》第2集第2品第43章（悟醒译）："世尊说此：诸比丘！有无生、无有、无作、无为"，参看——„Es gibt, ihr Mönche, ein Ungeborenes, Ungewordenes, Ungeschaffenes, Ungestaltetes"（Seidenstücker 1911, 125），或„Es gibt, ihr Mönche, ein Ungeborenes, Ungewordenes, nicht Gemachtes, nicht Gestaltetes"（Oldenberg 1922, 291）。

③ 参看——„Dies nun, ihr Mönche, ist die hohe Wahrheit von der Aufhebung des Leidens: Es ist eben dieses Durstes spurloses, restloses Aufheben, Aufgeben, Verwerfen, Ablegen, Vertreiben"（Seidenstücker 1911, 5），即巴利圣典相应部（所谓Samyutta-Nikaya）第五品"大

渴望，要荡开"一定还会不断重新来过"，当然要以"哪有什么复
归！"①为信条。到底有没有复归，我们不清楚；我们不会把我们
生活于其中的这个时间之维的线条朝这一生以外的地方延长，我

们不会想方设法主动揭开那按照自己的期限和规律将自己启示出
来的事情；但倘若我们清楚地知道真的有复归，我们就不会再想
办法摆脱，我们所渴望的当然不会是粗俗的生存，而是一定要在
我们每个人的生存中，结合各自生存的方式和语言，把转瞬即逝
的东西的永恒的你、不会转瞬即逝的东西的那个永恒的你说出来。

到底佛有没有把人带到摆脱了"一定会复归"而获救赎的目
标那里，我们不清楚。但中间的一个小目标，也是一个我们也很
关注的目标，他肯定把人带到那里了，即灵魂化成一。但他把人
带到那里，并不只是像本来所必须的那样要远离"意见的灌木丛"，
还要远离"改造的谎言"！②对我们来说，这可不是什么谎言，而
是可靠的世界（尽管直观方面已然有许多主体化的悖论，我们确
实觉得是谎言）；他的道路是撇下，他叮嘱我们要留意我们肉身里
的那些过程，他的意思可跟我们关联着感官所说的身体完全相反！
他并不把已统一的生命进一步带到那已向这生命打开的最高的"说
你"（Dusagen）那里。他在最里面其实已经决定，连"能够说你"

篇"第十二（总第五十六）"谛相应"第11章"如来所说（一）"第7节——"诸比丘！
苦灭圣谛者，即是此，谓：于此渴爱无余、离灭、弃舍、定弃、解脱而无执者"（《汉译
南传大藏经·相应部经典六》1994，312）。

① Nicht gibt es hinfort eine Wiederkehr。或可参看——vernichtet ist die Geburt, zu Ende gegangen der
heilige Wandel, erfüllt die Pflicht, nicht gibt es hinfort eine Wiederkehr zum irdischen Dasein（Beckh 1916
II, 88）。

② Abseits vom „Dickicht der Meinungen, „sondern auch vom „Trug der Gestaltungen "。

（Dusagenkönnen）也要破除。

佛很懂得向人"说你"——他同弟子们之间那种他明显占据上风，但又相当亲密无间的交往已真切地表明了这一点。可他不教["说你"]；因为这样的爱，[也就是说，]"不设樊篱地把已生成的一切都揽入怀中"[①]，同一个生命与另一个生命素朴地面对面站立[这种姿态]是格格不入的。他还很懂得透过渊深的沉默，向那原始根基说你，超越了他视之如弟子的"众神"。正是由一个已成为实体的联系过程，才有了他的活动，他的活动恰是向"你"给出的一个回答；但[这件事情]他默而不谈。 （89）

在许多地方，因他而有了"大乘"理论，却很精彩地违背了他。大乘向人的那个"永恒的你"呼唤——以佛的名义。其所要等候的那会带来爱的那一位，是将会来到的佛，是这一际的最后一位佛。[②]

---

① alles was geworden ist unbegrenzbar einbegreifen in der Brust。语出《小部经典二·经集》第一"蛇品"第8章"慈经"（Karaniya Metta Sutta）第149节——"恰似母有独生子，甘为守护舍身命，修习无量大慈意，一切生类如斯对"，或第150节——"善待世间诸众生，无量慈意应习生，上下纵横无障碍，既无怨恨亦无敌"（《汉译南传大藏经全集·小部经典二》1995，38）。或可参看——Nr. 149: Wie die Mutter ihres Leibes eigne Frucht, Mit dem Leben schützen mag ihr einzig Kind: Also mag man alles was geworden ist Unbegränzbar einbegreifen in der Brust, Nr. 150: Liebe soll durchleuchten so die ganze Welt, Unbegränzbar einbegreifen in der Brust: Oben, unten, mitten queer hindurch Unermesslich strahlen, ohne Grimm und Groll（Buddha 1911, 51—52）。

② den kommenden Buddha, den letzten dieses Weltalters。这是指"楼至佛"（即韦驮菩萨），他是贤劫千佛之最后成佛者。参看圣一法师《地藏菩萨本愿经》讲记："我们这个世界，贤劫有千佛出世，第一拘留孙佛，释迦第四，最后楼至佛。化众生入三贤位，故号贤劫。"《三弥勒经疏》："故今大乘云。拘留孙等四佛皆出初劫。所余诸佛出后十九劫。又瑜伽论云。初后二劫。亦增减故。故知非唯减时佛出。增时佛出亦无违义。由此义故。前十劫出九百九十九佛。后十劫独出楼至佛。若作此解。善顺金刚力士经云。楼至最后成佛而寿半劫。与九百九十九佛所度这等无有差别。三说中后解为胜。不尔如何智度论云。净居天子见劫成时莲华。而知贤劫有千佛。"

所有的沉降理论，其根底都是人的灵朝自己的里面往回弯曲而生出的庞大妄想：这妄想是在人这里发生的。其实，"妄想"是从人这里动身，然后出现在人与人所不是的东西之间。然而，往回弯曲的"灵"拒绝人的这个官能、拒绝联系的官能，它一定要把人所不是的东西拉到人的里面，一定要把世界以及神"灵魂化"。这就是灵的灵魂妄想。

佛说："我宣布，朋友啊，哪怕是苦修者那仍然会有感知的宽阔身体，也是世界栖息在里面，世界的产生、世界的破除就栖息在里面，那通向世界之破除的道路就栖息在里面。"①

这有说得对的地方，但说到底还是不对。

世界之为表象，当然"栖息"在我里面，就像我之为一物当然栖息在世界里面。但正由于这一点世界便并不在我的里面，就像我并不在世界的里面。世界与我，是相互包括的。这是一个内在于"它"的关系当中的思维矛盾，要靠"你"的关系来破除，"你"的关系使我脱离世界，是为了把我同世界又结合起来。

我的里面有"自己感官"，它乃是并没有被一起包括到世界里

---

① Ich verkündige, Freund, daß in diesem klaftergroßen, empfindungsbehafteten Asketenleibe die Welt wohnt und die Entstehung der Welt und die Aufhebung der Welt und der Weg, der zur Aufheung der Welt führt。或可参看——„Nicht kenne ich ein Ende des Leidens ", sagt Buddha, „wenn man nicht der Welt Ende erreicht hat. Aber ich verkündige euch, dass in diesem beseelten Leibe, der nur klaftergross ist, die Welt wohnt und die Entstehung der Welt und die Aufhebung der Welt und der Weg zur Aufhebung der Welt " (Oldenberg 1890, 286)。此系巴利圣典相应部第一品"有偈篇"第二（总第二）"天子相应"（Devaputta Samyutta，或 Von den Göttersöhnen）第3章"种种外道品"第26节"赤马经"第9句:"（世尊曰：）友！我非说不达世界之边极而成苦恼之边极。友！我说示：于此一寻之有想有意之身体上、到达世界与世界之果、世界之灭与世界之灭道。"（《汉译南传大藏经全集·相应部经典一》1993，112）

面的东西。世界的里面则有"存在感官"，它乃是并没有被一起包括到表象里面的东西。①但这个东西（按：指"存在感官"）不是一种可以被思考的"意志"，而是世界的完整的世界性，就像那个东西（按：指"自己感官"）不是一个"进行认识的主体"，而是我的完整的我性。这里还谈不到有什么更进一步的"往回带"：谁要是不景仰那些最终的统一，就会错过那只能够被把握而不可以成其为概念的感官。

（90）

　　世界的产生、世界的破除并不在我的里面；却也并不在我的外面；它们根本就不存在；它们永远都是在发生，而且它们的发生始终关联着我，关联着我的生活，关联着我的决定，关联着我的作品，关联着我的服侍，始终都取决于我，取决于我的生活，取决于我的决定，取决于我的工作，取决于我的服侍。但并不取决于我在灵魂里对世界究竟是"认可"还是"否认"，而是取决于我默许我灵魂层面已形成的面对世界的态度成为生活，成为对世界有所作用的生活，成为真实生活——在真实生活里，许许多多各不相同的灵魂"态度"成其为相互交叉的道路。但谁如果只"体会"自己的态度，谁就是没有世界的——［也就是说，］在他的里面只有游戏、艺术，只有迷醉、兴奋、秘仪，并没有触摸到世界的皮肤。②谁不过是在自己的"自己"里得了救，谁就不可能为世界带来爱或者痛苦，他根本不关心世界！只有谁是相信世界的，谁才

---

① 关于 Selbst-Sinn、Seins-Sinn，参看第 3 部分第 5 节所提到的 Du-Sinn，重心均在于 Sinn 前面的那个词。

② die Haut der Welt，往往指土壤（Boden），这里作直译。

是跟世界真正有关的；如果做到了这一点，他便不可能是没有神的。让我们在已然知悉真实的东西的全部恐怖的一面的情况下还是爱这从没有想过自己要被破除的真实世界吧，让我们敢于张开我们的"灵"的怀抱，去拥抱它吧：[然后，]我们的[双]手就会遇上握过来的[双]手。

(91) 我真不知道一个把人同神分开的"世界""世界生活"究竟什么样；其所说的，大概就是陷在一个已陌生化的"它"之世界里的生活，那在感受和使用的生活。谁要是真切地动身向世界走去，也就是在动身向神走去。凝聚、动身，这两个事情原就是有一个就会有另一个原就是不分彼此，[这两个事情]真的是很有必要做的事情。

神包含一切，神并不是一切；同样，神也包含我的"自己"，神却并不就是我的"自己"。这是不容讨论的事情，恰因这一点，我便能够用我的话，就像任何人都可以用他自己的话，说"你"；恰由于这一点便有了"我"和"你"，有了对讲，有了话，有了灵，灵的原始行为是话，永恒之中就有了词。

8

人的"宗教"境遇，人的在现在的生存，就体现在宗教境遇那具有生命特点的，无法消除的二律背反里。这二律背反无法消除，更决定了宗教境遇的本质。谁若接纳正题不接纳反题，便损伤了境遇的意义。谁若想方设法在思考一个合题，便把境遇的意义摧毁了。谁若努力要把二律背反相对化，则破除了境遇的意义。

108

谁若想不借助生活便想把二律背反的冲突解决，更是与境遇的意义背道而驰。境遇的意义便在于，境遇就活在境遇的二律背反里，也只活在境遇的二律背反里，永远一遍遍地、永远重新开始地，之前无法看到、之前无法想到、之前也无法予以描写地活在那里面。

不妨将宗教境遇与哲学境遇比较，以说明之。康德把必然与自由的哲学冲突相对化了，他认为前者根源于现象的世界，后者发端于存在的世界，于是这两种设定也就不再是真切地相互对立，完全可以相互兼容，不啻是这两种设定在其中各有其效力的两个世界。但我认为，必然与自由并非在［两个］设想的世界里，而是在我"站在神面前"的那个真实世界里，因为我知道"我完全听从［神］"，同时又知道"不管什么其实都取决于我"。^①然后，关于我这样地生活而出现的悖论，不是简单地把这两个不能兼容的论断归结给两个各有其有效值的领域就可以解决的；然后，我可不想求助于神学手段以在概念层面达成和解，我一定要把两个论断当成一个而活着，这样地活着，这两个便是一个了。（92）

9

动物的眼睛有很会讲话的能力。不借助发音，不借助神情动作，已然特别会说话，就那么静静地看着，眼神把那极自然地深锁在它里面的奥秘说了出来，那就是对生成感到忧惧。^②这个层次的奥

---

① 分别是 Ich bin anheimgegeben，Es kommt auf mich an。

② Bangigkeit、Angst 是同义词。谢林"自由论文"的名言，所说的便是 Angst。布伯这里则使用了较为偏僻的 Bangigkeit（参看 Buber 1908, 82, 164 u. 241）。或可参看德语词典所作的辨析，Angst、Bangigkeit 之为担忧，是情感层面的担忧，至于 Sorge、Besorgnis 之为担忧，则是

秘只有动物懂，也只有动物能把这奥秘开放给我们——只是开放［给了我们］，不是启示［给了我们］。发生［在眼神里］的话，其所讲出来的就是：忧惧——［这种］造物的躁动不安，介于植物般安全的领域（按：植物）与灵性冒险的领域［按：人］之间。这话是自然与灵初次相接时结结巴巴讲出来的，在我们称之为人的那种东西把它（按：这个话）变成那种东西（按：人）的无尽冒险

(93) 之前。然而，任何讲话都不曾能把［动物的眼神］结结巴巴地讲［的内容］重说一遍。

　　我偶尔也看家里养的猫的眼睛。这只驯化的动物可不是从我们这里学会了那真切地在"说话"的眼神，哪怕我们觉得是我们造就的，它完全——所以那种最基本的无拘无束再也没有了！——具备能力用那种眼神看我们这些非动物。但也要看到，在那眼神里，尤其是在那眼神的晨曦、在那眼神的升起里，[①]因惊讶、疑问而新出现了某种东西，那可是忧惧中给出的眼神原来所没有的。这只猫有这样的眼神，当然是由于嗅到了我眼神的气味，所以便隐约地问："我能够是你所觉得的那个样子？你真的希望我不应该只是在逗你开心？我引起了你的关心么？对你来说，我真的在这里么？我在这里么？从你那里来的这里的这个是什么呢？把我围住的这里的这个是什么呢？我身上的这个是什么呢？这个是什么呀？！"

思考层面的担忧，而 Angst 之与 Bangigkeit 也有些微的差别，激起担忧者若莫可名状，则其所激起的便是 Bangigkeit，若是可以理解之事物，所激起的则是 Angst（Sanders 1871, 133）。
① 布伯在这里把猫的眼神比作太阳。稍后他还明确地说猫的眼神是"精神太阳"（Geistsonnen）。

（这里说到的"我"，其实是对那还没有"我"的自我指涉所作的转述，当然，我们并没有那种没有"我"的自我指涉；这里所说的"这个"，是指人如洪流般投去的眼神在联系能量方面所具有的完整的实在性。）这就是动物的眼神，这就是忧惧的话，高高升起——然后落下。我的眼神，当然了，能持续得更久；却不再是那洪流般投去的眼神。

世界轴心旋转，[①]便启动了联系过程。世界轴心再次旋转，联系过程关闭。"它"的世界仍然揽住这只动物，仍然揽住我，"你"的世界绽放光芒不过是一瞬间，然后熄灭回到了"它"的世界。

刚才为了说明这往往很难察觉到的精神太阳之升起与落下［所讲］的话，我便讲了我经常遇到的细微小事，［于我而言］却没有哪件事情能够与它相比，它深深地触动我并使我发觉，与诸多生命之间所有联系的那种活跃性，原来都是虚无缥缈！使我发觉，我们的苦命有一种庄严的忧郁。使我发觉，所有单个化了的"你"都会如命运般变成"它"。寻常的短暂一天，总是先有清晨，再到黄昏，但在这时，清晨与黄昏一起，奔腾轰鸣而来，那轻盈的"你"出现了，然后消失："它"的世界的负累之于这只动物，之于我，

---

① Weltachsendrehung 一词，或与齐美尔的重要概念 Achsendrehung——尤其 Achsendrehung des Lebens 有关。齐美尔谈论 Achsendrehung des Lebens 即生活轴心的旋转，指"超越生活"即 Transzendenz des Lebens 并"面向理念"即 Wendung zur Idee（Simmel 1918, 38）。当然，Achsendrehung 尤其是 Achsendrehung der Erde，与柏拉图，尤其《蒂迈欧篇》渊源甚深。19世纪古典学界还有一场争论与之有关，那就是《蒂迈欧篇》40B-C 到底有没有提出"大地轴心翻转"（Achsendrehung der Erde）理论。所涉文字是 γῆν δὲ τροφὸν μὲν ἡμετέραν, ἰλλομένην δὲ τὴν περὶ τὸν διὰ παντὸς πόλον τεταμένον, φύλακα καὶ δημιουργὸν νυκτός τε καὶ ἡμέρας ἐμηχανήσατο, πρώτην καὶ πρεσβυτάτην θεῶν ὅσοι ἐντὸς οὐρανοῦ γεγόνασιν, 即"他把地球设计成我们人类的养育者。她围绕着那贯通的轴心旋转，作为昼夜的护卫者和度量者，是天空诸神中最受尊重的"（柏拉图 2005, 27）。

竟有过这样一瞬间被卸下了！［关于这瞬间，］我倒还能有所沉思，这只动物则从它的眼神的那种"结结巴巴地讲"，跌回到没有话，同时几乎也没有记忆的忧惧之中。

多么强大啊，"它"的世界连绵不绝！多么柔弱啊，"你"的一次次出现！

有太多的东西从来都没有从事物性的硬壳里突破出来！哦，微微闪烁着亮光的东西哪，观看的时候我这才意识到，我原来并不是"我里面"的某个东西——我只是在我里面同"你"紧紧结合；只是在我的里面，并非在我和你之间。但有一个东西从事物中走出来，一个活着的东西，对我来说它成了一个生命，在近处同我说着话，尽管无可避免地是那么地短暂，对我来说却就是"你"！必然消褪的，是联系之直接性的活跃性，而非联系［本身］。爱不可能就停在直接的联系里；爱会延续，却是在活跃与沉寂的变换中［延续］。世界里的每一个"你"，依其本质都会成为我们身旁的一个事物又或者还是会不断地一次又一次跌进"如事物一般"之中。

(95) 只有在一个联系里，在一个包含着万事万物的联系里，沉寂才会又活跃。只有那一个"你"，依其本质从来都不会停止是我们身旁的一个"你"。谁懂神，谁就也懂神的远离，也懂那为乏味所折磨而深感担忧的心灵；至于［神］不在眼前，则还真不懂［会有这样的事情］。只可惜我们并不总是在那里。

Vita Nova（按：意大利语，新生活，指但丁《新生》）的怀爱者，正确而且也合适地在大多数的时候都是说Ella（按：意大利语，她），偶尔才说Voi（按：意大利语，你）。Paradiso（按：意大利语，天堂，指但丁《天堂篇》)的游历天堂者，当他说Colui（按：意大利语，那一位）的时候，就说得不太对了——主要是由于写诗不容易——他也知道［说得不太对］。①不管把神说成"他"还是说成"它"，永远都是讽喻。但如果我们向他说"你"，未破碎的世界真理便被有死者的感官变成词。②

10

世界里的任何真实联系都是排他的；［之外的］别的东西要把它打破，算是对它的排他进行报复。只有在与神之间的联系里，无条件的排他、无条件的包容才化成一，把"所有一切"都把握在其中。

世界里的任何真实联系都以个体化为基石；这是它的喜悦，因为只有这样才能继续有差别很大的东西相互认识这样的事情，这也是它的边界，因为只要这样下去就不会有什么完美的认识以及被认识。但在完美的联系里，我的"你"包含了我的"自己"而又并不就是我的"自己"；我的受到了限制的认识，昂首走进一种没有任何限制的被认识里。

世界里的任何真实联系都是在活跃与沉寂之间变换，任何单

---

① 《天堂篇》第一句话就用colui称谓神。第1章第1节（第1至3行）是La gloria di colui che tutto move / per l'universo penetra, e risplende / in una parte più e meno altrove，即田德望译本作"万物的原动者的荣光照彻宇宙，在一部分反光较强，在另一部分反光较弱"。所谓colui che tutto move，即thd one who moves all the things，就是《炼狱篇》第25章第70句所说的Dio, primo motore dell'universo（Dante 1991, 3）。

② gewortet. 或可参看第2部分第2节。

个化了的"你"一定会蝶变成为"它",然后才会又一次重新展翅。

(96) 但在纯粹的联系里,沉寂只是活跃屏住了呼吸,"你"就在面前。永恒的"你"依其本质就是这样一个东西;只是我们的生命催促着我们要把这个东西拉进"它"的世界、拉到"它"的讲话里。①

11

"它"的世界,在空间时间里有架构。

"你"的世界,在空间时间里没有架构。

它(按:指"你"的世界)的架构在圆心那里,[众多]联系的延长线在圆心那里相交:那[圆心]就是永恒的"你"。

在纯粹联系的大特权面前,"它"的世界的[诸多]特权都被破除。由于它(按:指纯粹联系的大特权),便有了"你"的世界的绵延:[众多]联系的那些已孤立的环节在这里紧紧结合,形成一种"紧紧结合"的世界生活。由于它(按:指纯粹联系的大特权),"你"的世界便具备了改造的力量:灵能够渗透进"它"的世界,改变"它"的世界。由于它(按:指纯粹联系的大特权),我们便不会一味地听凭世界的陌生化、"我"的"失真"摆布,不会听凭幽灵般的东西摆布。转身,是对圆心有了重新认识,是重新对准(Sich-wieder-Hinwendung)。透过这一生命活动,人的早被掩埋的联系能量便复活了,②所有联系疆域的水波鼓起鲜活的河流,更新了我们的世界。

---

① 所谓"它"讲话(Esrede)。参看第2部分第4节的"它"讲话。

② 参看第2部分第7节。

也许，[其所更新的] 还不只是我们的世界。因为那是元宇宙层面的 [双向运动]：①[也就是说，] 世界之为整体又与那并非世界的东西保持着关系，世界当中便有一种原始的形式，那就是"两重"，其在人间的形态便是态度有两重，基本词有两重，世界的方面也有两重，[于是] 我们要预见到，这里有一种双向的运动：偏离原始根基，于是乎一切便在生成之中得以保全，又对准原始根基，于是乎一切在存在之中得以救赎。

（97）

12

涉及"联系"世界的疆域有三个。

第一个：和自然一起生活。这里的联系，徘徊在语言的门槛处。

第二个：和人一起生活。这里的联系可以很好地说话交流。

第三个：和灵性的"生命性"层面的东西一起生活。这里的联系，不说话，却又能让人说话。

在每个领域里，透过每个真切地出现在我们眼前的东西我们看到"永恒的你"的衣角，从每个东西里我们都感到永恒的"你"在飘动，我们所说的每个"你"都是在说永恒的"你"。每个领域，各有各的方式。②所有疆域都被容纳在它(按：永恒的"你")的里面，

---

① 原文较简略，Denn als die metakosmische。史密斯补以 primal form，考夫曼补以 primal form of duality，那是由于冒号后面第一个内容的关键词 Urform der Zwiefalt。第3部分第18节提到 Denn die beiden metakosmischen Grundbewegungen，这里紧接着也说到 dürfen wir diese Doppelbewegung ahnen，Urform der Zwiefalt 所要说明的其实正是 diese Doppelbewegung，由此直接断定 die metakosmische 后面省掉的关键词是 Bewegung——更准确地说，是 Doppelbewegung，或许更能达意。

② 参看第1部分第8节。

| 115 |

它则没有被容纳在任何一个疆域里。

有一个"眼前"穿越所有的疆域放射光芒。

借助眼前，我们却又能够超出每一个疆域。

由和自然一起生活，我们能够开辟"物理"世界，坚固（Konsistenz）的世界；由和人一起生活，能够开辟"心理"世界，敏感（Affizierbarkeit）的世界；由和灵性的"生命性"层面的东西一起生活，能够开辟"思考"世界，效力（Gültigkeit）的世界。它们（按：指三个疆域）失去清澈、失去意义，每个［疆域］都成为可以使用的，变得浑浊，也一直浑浊下去，哪怕我们会把一些闪亮的名词如宇宙、情爱、逻各斯等封给它（按：指每个疆域）。人真正地有宇宙，只能是在所有一切对人而言已成为家园的时候，［也就是说，人在"所有一切"的里面找到了］神圣的厨灶，人用来摆放供品；人真正地有情爱，只能是在诸多生命对人而言已成为永恒的东西的图像，与这些生命结成的团契已成为永恒的东西的启示的时候；人真正地有逻各斯，只能是在逻各斯借助灵的工作和服侍而对奥秘进行呼唤的时候。

形象（按：指艺术作品）的欲言又止的沉默，人的爱意盈盈的说话，造物的透露着消息的暗哑：所有这些都是门扉，［推开门扉］就会看到面前是词。

但要想发生完美的相遇，就得把这些门扉合成一扇门，一扇真实生活的门，并且你不再记得究竟从哪扇门扉走进来。

13

三个疆域之中，有一个疆域是很特别的：那就是和人一起生活。在这里，话完满地有起有承，也就是说，有讲话就有回应。在这里，已成其为话的词遇见了回答。在这里，基本词来回摆动，幅度完全等同，同一张嘴里鲜活地给出呼唤的基本词、遇见的基本词，也就是说，"我""你"不只是在联系之中——而且还在坚固的讲话性之中。①联系的［两个］环节（按：复数，指我、你），在这里，也只是在这里，通过那已让［两个］环节浸润于其中的元素，［也就是］通过"话"，而紧紧结合。在这里，"面对面"已繁荣绽放，"你"拥有了完全的真实。只有在这里，观看、被观看、认识、被认识、爱、被爱，都成了不可能会失去的真实。

　　这是正门。边上的两道侧门，也都通向正门。

　　要是丈夫与妻子真心地生活在一起，他们就会向往永恒的丘陵。②

(99)

---

① 所谓发言性，即 Redlichkeit。Redlichkeit 是常用词，通常意为正直、正派。布伯此处显然是在玩语言游戏，其意不在 Redlichkeit 的通常之意，而是 Redlichkeit 与 Rede 在字面上的关联。有鉴于此，这里便从字面上译之为"讲话性"。或还可参看《德语同义词典》关于 Redlichkeit、Aufrichtigkeit 所作的辨析，两者都是"正直"，但有些微区别。Redlichkeit 更接近于知无不言，Aufrichtigkeit 则还可指知而不言的情形。换而言之，心口如一，可以说是"正派"意味的底色（Eberhard 1805, 85—86）。

② 所谓 die ewige Hügel，应是《圣经》尤其《旧约》之德语翻译的一个用语，尤其关联着《旧约创世记》第49章第26节、申命记第33章第15节，英译文常作 everlasting hills。思高本《圣经》分别作——"你父亲的祝福，远超过古山岳的祝福，永远丘陵的愿望"（ESV 即 English Standard Version 作 The blessings of your father are mighty beyond the blessings of my parents, up to the bounties of the everlasting hills ）、"太古山岳的珍品，永恒丘陵的美物"（ESV 作 with the finest produce of the ancient mountains and the abundance of the everlasting hills ）。所谓"永远丘陵的愿望"，便是"向往永远的丘陵"。至于路德译本，分别是 nach Wunsch der Hohen in der Welt（Luther 1901 i, 59）、von den hohen Bergen von alters her und von den Hügeln für und für（Luther 1901 i, 223），并无 die ewige Hügel 一语。布伯－罗森茨威格合译本第1卷分别译作 Die Segnungen deines Vaters wuchsen an die Segnungen der ewigen Berge, an die Lust der Weltzeit-Höhn（Buber-Rosenzweig 1981 I, 146）、vom Kerngut urzeitlicher Berge, vom Kleinod ewiger Hügel（Buber-Rosenzweig 1981 I, 568）。这样说

与人之间的联系，是与神之间的联系的真正比喻：在这里，真切的呼唤对上了真切的回答。只不过，在神的回答里，一切得以揭示，"所有一切"是作为话而启示出来的。

14

——［甲：］可是，孤独不也是一扇门扉么？偶尔不是也可以在最静谧的独自存在里，成全出一种之前不曾预想到的观看么？自己与自己的交往不是也能够奥秘般地，转换成一种与奥秘之间的交往么？还有，与任何生命没有了瓜葛，岂不是更能够做到同生命面对面？"来吧，孤独的［你］啊，来孤独的［我］这儿吧"，新神学家西缅（Symeon der Neue Theologe）这样地呼喊他的神。[①]

——［乙：］孤独有两种，可以看其所离开的究竟是什么。孤独可以是不再与事物作一种进行感受和使用的交往：这种孤独确实总是有必要的，笼统而言可以帮助促成联系的行为，哪怕并不能促成最高级别的联系行为。但孤独也可以是无联系：如果是谁对其说出了真正的"你"的那些生命［主动地］离开了，那么谁就是被上帝接纳了的，但如果是谁离开了［那些］生命，那么

起来，布伯所说的 die ewige Hügel 更有可能是指《申命记》第33章第15节。

起来，布伯所说的 die ewige Hügel 更有可能是指《申命记》第33章第15节。

① Komm, Einsamer, zum Einsamen。考夫曼指出，西缅（Symeon der neue Theologe）是一位神秘主义者，生活在公元1000年前后，隶属希腊东正教会。这位西缅（949—1022），据悉还是第三位被冠以 Neue Theologe 之称号的基督教人物，前两位分别是《约翰福音》的作者约翰、著名希腊教父尼撒的格里高利（Felmy 2014, 10）。布伯编译出版 Ekstatiche Konfessionen 一著，其中恰有这位西缅的一篇 Aus den Liebesgesängen an Gott。其开篇便是：Komm, den meine arme Seele verlangt hat und verlangt. Komm, Einsamer, zum Einsamen; denn einsam bin ich, wie du siehst（Buber 1921, 55）。

谁就并非［为上帝所接纳］。沉陷在事物当中而不能自拔的，是 那种满心渴望着要使用事物的人；只有活在"就在眼前"的能量里，才能够同事物紧紧结合。只有做到了"紧紧结合"的人，才是为神作好了准备的人。只有这样的人，才是带着一种属人的真实，朝神的真实走去。

孤独有两种，还可以看其所面向的究竟是什么。孤独可以是洗心的场地，就算是那已达到"紧紧结合"的人，在踏上极神圣的地方以前，也还是有必要做这样的事情，或者有谁还处在考验期，在继续向上攀登与不得已而放弃之间犹豫不决，则同样需要做这样的事情：我们其实就是这样。然而，孤独也可以是隔离的堡垒，在这里自己同自己对讲，却并不是着眼于那正在等候的东西而检验自己、引导自己，不过是很惬意地享受着做这种陶冶灵魂的事情：这意味着灵已然堕落成了灵性。甚至还会发展到最深的深渊程度，要是这个被自己迷住了的人虚妄地以为他的里面就是神，虚妄地以为自己这是在同神讲话。然而，不论神多么真切地包含着我们又多么真切地栖息在我们的里面：我们的里面永远都不是神。我们同神讲话，只是在我们里面的神不再讲话的时候。

15

有位现代哲学家认为，每个人所信仰的，必定要么是神，要么是"偶像"，也就是说，某个有限的好东西——如他所在的民族，他所从事的艺术、权力、知识、赚钱，或"不停地征服女人"①——[也就是说，]一个这样的好东西，他觉得具有绝对的价值，介于他与神之间；之所以有一个这样的东西，却是要印证这个好东西的有条件性！却是要"打碎"偶像，要让已涣散了的宗教行为离开自己，回归合适的对象。②

(101)

这种观点设以为前提的是，人同那些为人所"偶像化"的有限的好东西之间的关系，与人同神之间的关系在生命层面是相同的，不过是在对象层面有区别而已；于是乎，只要以正确的对象替代错误的对象，就可以把做错了事情的人救回来。然而，一个人同那大言不惭地端坐在人的生活最高价值座位上的"某个特殊的东西"之间的关系，是以感受和使用某个"它"、某个事物、某个可以带来享受的客体为导向。能够将对神的眺望阻断的，就是这种关系：[其办法便是]通过那密不透风的"它"的世界；一次又一次让对神的眺望重新开启的，是"说你"（按：或可译作"把你说了出来"）的联系。谁要是为其想赢得、想拥有、想掌握的偶

---

① Immer neue Überwältigung des Weibes. 语出舍勒的著作 *Vom Ewigen im Menschen*，恰好是在讲唐璜——Das ist für den Nationalisten seine Nation, für den Fausttypus das unendliche Wissen, für den Don Juantypus die immer neue Überwältigung des Weibes（Scheler 1921, 562）。在舍勒这段文字的上下文里，"有限的好东西"（das endliche Gut）及其"被偶像化"（Vergötzung），恰是关键词。
② Und der abgelenkte religiöse Akt kehre von selbst zu dem ihm gemäßen Gegenstand zurück. 实际上，整句话都关联着舍勒的著作 Vom Ewigen im Menschen——Wird diese Ursache aufgedeckt, wird dem Menschen der, seiner Seele die Gottesidee gleichsam verbergende Schleier hinweggenommen, wird ihm der Götze zerschmettert, den er zwischen Gott und sich gleichsam gestellt hat, wird die irgendwie umgestürzte oder verwirrte Ordnung des Seienden vor der Vernunft und die Ordung der Werte vor dem Herzen wiederhergestellt, so kehrt der abgelenkte religiöse Akt „von selbst" zu dem ihm gemäßen Gegenstande der Gottesidee zurück（Scheler 1921, 560）。考夫曼凭着渊博的才学，已指出了这一点（Kaufmann 1970, 153）。

像所统治，发了疯地要占有，谁就没有走在通向神的道路上，就还不是在转身！转身，可不只是指目标改变，还包括运动方式改变。要把发了疯的人治好，办法应该是把他摇醒，使其奔向"紧紧结合"，而不是把他的"疯"往神的方向引去。如果有谁恰好正发着疯，难道这便意味着他呼喊的，不再是某魔魅或被他魔魅般地扭曲了的生命的名号，而是神？［实际上，］这就意味着他这时候正在做亵渎的事情。其之为亵渎，是指刚把祭坛后面的偶像推翻，就把堆放在祭坛上献给被打倒那位的并不干净的供品奉献给神。

　　谁要是爱一个女子，就让她的生活成其为在眼前的，成其为在他自己的生活里的：她眼里的那个"你"，使他观看到了永恒的"你"的一缕光线。但要是所渴望的，不过就是"不停地征服［女人］"，你们觉得从这样的渴望当中，可以找见永恒的东西的幻影么？不惮那深不可测的命运，一心服侍人民[1]：把自己献给人民，那么就把人民当成了神。把民族当成一个偶像，所有的一切都可以献给它，把自己的事情都上升到了全民族的高度，那么你们真的觉得，只要他在这样的事情上吃了苦头，他就会看到真相？又该当如何呢，要是有人以为金钱，［也就是说，］那很有身体感的非生命（Un-Wesen），"好像是神"？发财、守财之乐趣，与成其为眼前而就在眼前之快适之间有什么共同之处！玛门的奴隶，[2]能

（102）

---

① wer einem Volk, aufglühend im unermeßlichen Schicksal, dient。

② Mammonsknecht，语出《新约·马太福音》第6章第24节。希腊原文是 Οὐδεὶς δύναται δυσὶ κυρίοις δουλεύειν· ἢ γὰρ τὸν ἕνα μισήσει καὶ τὸν ἕτερον ἀγαπήσει, ἢ ἑνὸς ἀνθέξεται καὶ τοῦ ἑτέρου καταφρονήσει· οὐ δύνασθε θεῷ δουλεύειν καὶ μαμωνᾷ，和合本新标准修订版作"一个人不能服侍两个主；他不是恨这个爱那个，就是重这个轻那个。你们不能又服侍上帝，又

够向金钱说"你"么？他能怎么从神那里开始呢，如果不知道要向神说"你"？他不可能服侍两个主人——也不可能服侍了一个以后再服侍另一个；他一定要学会用完全不同的方式进行服侍。

被替代品领走了的人，其所"拥有"的只是一个幻影，他却以为是神。然而神，那永恒的眼前，是不能够被拥有的。噢，发了疯的人哪，竟想占有神！

16

通常都说"宗教人"就是跟世界、跟诸多生命没有了什么联系，因为那为外在的东西所决定的"社会的东西"的阶段在这里被一种从来只是从里面进行作用的能量超越了。然而所谓"社会的东西"概念，涉及两种完全不同的内涵：［其一是］由联系而得以建构的团契，［其二是］一个个无联系的人类单位合在一起形成的规模化，在现代人这里"无联系"可以说已相当真切。但团契的明亮结构是摆脱"社会性"牢笼而形成的，是那同样在人神之间的联系里发挥作用的能量所造就的作品。团契不是一个个联系排在一起就能形成的；它是"所有一切皆联系"（Allbeziehung），所有河流流进去，永不干涸。大海、河流——有谁能分得清楚边界？这是从"我"奔向"你"的洪水，无穷无尽，真实生活的没有边界的洪水。不能把生活分成两半，一半是一种与神之间的真实联系，一半是一种与世界之间的不真实的"我—它"关系——［一半是］向神

服侍玛门"。服侍玛门即δουλεύειν καὶ μαμωνᾷ，路德译作dien und dem Mammon（Luther 1901 ii, 9）。所谓玛门（Mammon），即古叙利亚语的"财富""财产""金钱"。

真切地祷告，［一半是］对世界进行利用。谁觉得世界是用来利用的东西，谁就也会这样看待神。［对这样的人来说］祷告是缓解压力，根本没想过会被听到[①]。他连"无神论者"都算不上，他没有从他那小小卧室窗户的黑夜与渴望里面向那没有名字的东西发出呼唤——他是没有了神的人。

　　通常还说"宗教人"都是单个的人，孤零零的人，独自在神面前，据说已超越了那遵守世界之中的义务并承担相应过错的"道德人"阶段。［通常都说］他很愿意为自己作为行动者所做的行动尽责任，完完全全地决定着他的，是存在与应当存在之间的张力，他鼓起荒诞绝望的当供品的勇气，把他自己的心灵［撕成］一片片地，扔进两者间（按：存在与应当存在）那无法弥平的鸿沟里。［通常都说］世界与神之间的张力，"宗教人"已毫不在意；其所服从的律令是把"尽责任""要这样"带来的不安抹去，哪有什么自己的意愿，一味地服从安排就行！"应当"俨然是无条件的存在，世界当然还在存续，却不再有效力；尽管还是要在世界里做自己要做的事情，却已心不在焉，只觉得所有主动做的都是虚无。但这是虚妄的想法，虚妄地以为神创造世界不过是赏玩，神创造人不过是寻乐趣！其实，谁要真走到了面前，就会轻盈地掠过义务和过错——这可不是因为他远离世界，而是因为朝世界真切地走近了。所谓要有义务，所谓要能承担过错，其实都是在陌生的东西面前，要是在熟悉的东西面前，则会亲切、带着爱意。谁要真

（104）

---

① es fällt ins Ohr der Leere。

走到了面前，就会在"眼前"的丰满里为永恒所照耀，既然世界已完全成其为就在眼前的，便能够立即向所有生命的那个生命性说"你"！神与世界之间再没有张力，完全就是一个东西就是真实。责任他当然还是要尽：那有限的只能在事后追寻"作用"之痕迹的责任所带来的苦恼，已为无限的责任的冲力取代，而爱的责任的力量也取代了那无法追踪其痕迹的整个世界所发生之事，取代了那深埋在神的容颜里的世界。道德判断他已搁下：所谓"恶人"，在他而言不过是要更深沉地尽责任的人，不过是更需要爱的人；但一定要在"自发性"的深处开展"做决定"，直到遇见死亡，一定要从容地开展着"不断地一次又一次做决定"，以便正确地主动做。主动做并非虚无；它是想，它是被委托，它是被使用，它属于创造；但这个主动做，不再给世界添加负累，只是依靠世界而不断发展，甚至可以说这就是不主动。

(105)

17

　永恒的［本原现象］是什么呢：［也就是说，］我们称作启示的那个东西的此时此地就在眼前的那个本原现象？它是这样的：人从最高相遇的环节里走出来，就与走进最高相遇的环节时不一样了。相遇的环节，并不是一次在静静接受的灵魂里泛起，然后又幸福地飘远的"体验"：人身上有事情发生了！有时候如香气扑面而来，有时候又像摔跤比赛，其中的道理却都一样：有事情发生了！人从纯粹联系的生命活动里走出来，生命里就多了一点什么，就有了一点向着那里生长的东西，这可是他以前所不知道的，至于到底是怎么多出来的，那个源头他也不能恰当地说清楚。尽管一直以来，科学式的世界导向奋力追寻一种不留缝隙的因果性，要把新出现的东西的源头找出来。但我们，既然只想对真实的东西作真实的考察，就不能指望下意识的东西或者其他任何灵魂机制了。所谓真实，就是我们接受了我们以前所没有的东西，而且我们是这样地接受的，以至于我们知道。它是给我们的。用《圣经》里的话来说："等候神的，就会换来能量。"① 用那位字里行间依然对真实保持忠诚的尼采的话来说："拿走了，却没有问一句是谁给的。"②

人接受，而且接受的不是一个"内容"，而是一个眼前，一个作为能量的"眼前"。这眼前、这能量包含三种东西，完全没有分裂，却又是这样地包含的，以至于可以分开看成是三种东西。第一，全副的真实面对面，全副的被接纳，全副的紧紧结合；不可能说得清楚究竟是怎样紧紧结合的，并且这种紧紧结合也不能改善一个人的生活——反倒会让生活更加沉重，却是让生活因有意义而变得沉重。这就有了第二，在语言所不能形容的状况中对意义作了确认。意义被保证了。没有任何东西，会是没有意义的。再不会问生活的意义［在哪里］！就算还问，也是一种不要回答的问。你没想过要把意义指出来，没想过对意义进行规定，你不为意义

（106）

---

① Die auf Gott harren, werden Kraft eintauschen. 考夫曼指出，语出《以赛亚书》第40章第31节（Kaufmann 1970, 158）。和合本新标准修订版："但那等候耶和华的，必从新得力。"参看布伯－罗森茨威格合译本第3卷：aber die SEIN harren, tauschen Kraft ein（Buber-Rosenzweig 1985 III, 128）。至于路德译本，则作 aber die auf den Herrn harren, kriegen neue Kraft（Luther 1901 i, 691）。

② Man nimmt, man fragt nicht, wer da gibt. 考夫曼指出，语出尼采《看哪这人！》（Kaufmann 1970, 158）。（参看尼采2000，110。）

给出任何公式或者图像，可意义对你来说比你［那些］感官的［那些］感知还要真切。意义透过我们要表示什么呢，意义渴望从我们这里得到什么呢，［既然］它既启示又隐藏？［它想要我们做的，］不是让我们来解释它——我们也做不了这事情，而是让我们把它做出来。然后有了第三，这可不是"别的生活"的意义，而是我们的这个生活的意义，这可不是"上面［那个世界］"的意义，而是我们这个世界的意义，它要的是在［我们的］这个生活里，紧挨着［我们的］这个世界而为我们所印证。意义能够被接受，但它不可能被感受到；它不可能被感受到，但它能够被做出来；这就是它透过我们所要表示的。所谓保证，不是指要封闭在我的里面，而是指要通过我而诞生到世界上。然而，意义不愿意被转运，不愿意被改造成一种普遍有效、普遍能够采用的知识。所以，所谓印证，决不能当作一种有效力的"应当"予以传承，不能当成准则，不能写进石柱，让所有人抬头仰望。任何一个人，要给那静静接受的意义作印证，只能带上他的生命的唯一性，只能带上他的生活的唯一性。就像没有哪条准则能够把我们带到相遇那里，同样，从相遇那里也不能推导出什么准则①。就像要想朝它那里走过去，就得先把"眼前"接住，同样，要从它那里走过来，那得是在全新的意义中。就如真正进入相遇，是由于嘴上说着一个"你"。同样，离开相遇，回到世界里，还是由于嘴上的那个"你"。

有一个东西，我们就在它的跟前生活着，我们朝着它生活，

---

① so führt auch aus ihr keine。Kaufmann 翻译成 none leads from it，稍显含混，但许碧端依 Kaufmann 译本，译作"不能……从相遇带出什么来"，是很准确的。

我们靠它生活，我们要到它的里面去生活，它是奥秘：它一直是它原来所是的。它就在我们眼前，它透过它的就在眼前，让我们知道它就是拯救，我们"知道"它，但关于它我们并没有形成什么会让它的奥秘性有所减少、有所减轻的认识。我们离神很近，但不会近到给存在解出谜底、摘除面纱的地步。我们所感觉到的是救赎，而非"解决"①。我们所接受的东西，我们不能带在身上走到别人面前说：这东西是［你们］一定要知道的，这东西是［你们］一定要做的。我们只能上路，作印证。做这样的事情，我们不是"应当"——［应该是］我们能够——［应该是］我们必须。

这便是永恒的此时此地就在眼前的启示。我还没有听说过有哪个启示就其本原现象而言不与之相似，我也不相信会有那样的启示。我不相信神会给他自己起名字，不相信神会在人面前对他自己进行规定。启示一词意味着：我是作为我在这里所是的那一位而在这里。②进行启示的东西就是进行启示的东西。在存在的东西在这里存在③，此外无需多言。永恒的能量之源泉在奔腾，永恒的触摸在等候，永恒的声音在响，此外无需多言。

18

---

① 文字游戏。救赎是 Erlösung，解决是 Lösung。

② 旧版是"我是作为我所是的那一位而在的"。这当然是《旧约·出埃及记》第3章第14节所说的那句著名的"我是自有永有的"（所谓 I am who I am）。参看布伯－罗森茨威格合译本第1卷：Ich werde dasein, als de rich dasein werde（Buber-Rosenzweig 1981 I, 158）。

③ Das Seiende ist da，旧版是"在存在的东西在存在"（Das Seiende ist）。考夫曼指出，语出《旧约·出埃及记》第3章第14节（Kaufmann 1970, 160）。或还可参看前一条注释。

永恒的"你"就其本质而言不可能成为"它";因为它（按：永恒的"你"）就其本质而言不可能错落在尺度或者边界里，也不可能错落在无法丈量的东西的尺度里不可能错落在不被限制的东西的边界里；因为它就其本质而言不能被理解为属性的总和，也不能被理解为一个无穷无尽的总量而超越诸多高级属性；因为不管是在世界的里面还是在世界的外面它都不可能被找到；因为它不能被感受到；因为它不可能被思考；因为我们会错过它，错过这个在存在的东西，要是我们说："我相信他在存在"——所谓的"他"仍然是一个隐喻，但"你"不是。

可我们还是一次又一次，不断把永恒的"你"变成"它"，变成某个东西，把神变成事物——这是我们的本质使然。不是由于任性。神的为物的历史，"神－物"（Gott-Ding）那纵贯于宗教、纵贯于那些既照亮宗教又使宗教变得晦暗的宗教边缘成果[1]之中的行程，那提升生活又摧毁生活的行程，那离开了鲜活的神又重新回到鲜活的神的行程，从"就在眼前"到塑造，到对象化、概念化，再到消解、更新，那一系列变化，恰是一条道路，也就是那条道路。

［各］宗教所说出的知识、所给出的行动——它们都是从哪里来的？启示的"眼前"与能量（因为所有宗教必然都以某种类型的启示为根基，要么透过词，要么透过自然，要么透过灵魂——准确说来，宗教都是启示宗教），那"眼前"与能量，人在启示的时候所接受的，怎么就变成了"内容"呢？

---

① 所谓宗教边缘成果（Randgebilde），或与蒂利希所说的准宗教（pseudoreligion）相类，具有宗教特点，但并非宗教。

给出的解释，有两个层次。外面的心理层次，我们都是知道的，（109）当我们对人自为地进行考察，［也就是说，］脱开历史而对人进行考察的时候；至于里面的事实层次，［也就是说，］宗教的本原现象，我们得重新把人放回历史。两个层次其实是连在一起的。

人渴望把神拥有；渴望能够持续地在时间里、在空间里把神拥有。人不愿意停在语言不能形容的状况中对意义作确认，而更愿意把这确认铺开来看，看成某个能够一次又一次，不断感觉到、触碰到的东西，变成一个在时间方面空间方面都没有缝隙的连续体，在任何一个时间点任何一个环节都会给人的生活带来保障。

纯粹联系的生活节奏，［也就是说，］活跃与沉寂的变换——在其中缩小的只是我们的联系能量，只是眼前，并非是那个原始的现在（Urpräsenz）——并不能满足人对连续性的渴求。人渴望时间方面的延展，渴望延续。神就是这样成了信仰的客体。时间之中的信仰，原先是对联系行为构成补充；后来逐渐取代联系行为。本来是不断进行更新的生命运动，从聚集到动身，之后则平静地守着一个人们都信仰的"它"。那懂神已远离也懂神在近旁的战斗者，则无论如何总还是信任，他越来越明确地进入受益者的安全状态，于是乎，［他相信，］在他身上不可能有什么事情在发生，因为他相信，有一个东西不会让任何事情发生在他身上。

就连纯粹联系的生活结构，"我"在"你"面前的那份"孤独"，［也就是说，］就连那个规律，即人哪怕把世界都带到相遇里，也只能作为一个人走到神那里与神相遇，也不能满足人对连续性的（110）渴求。人渴望空间方面的延展，渴望真切的呈现，把信徒们的团契与他们的神之间的那种其乐融融呈现出来。神就是这样成了崇拜的客体。就连崇拜，原先也是对联系行为构成补充：因为它极具感染力地把鲜活的祷告、把直接的"说你"，放进空间方面的架构里，同感官生活关联起来；就连崇拜，后来还是逐渐转变成替代品，个人的祷告不再依托群体的祷告，反倒为群体的祷告所压抑，生命活动不允许有任何规则，规则化了的礼拜便代替了生命活动。

但是，纯粹联系只能被建造成空间、时间方面的稳定，它要借助生活的整个物质才能得以成形。它不能被保存，只能被印证，只能被做出来，只能被带进生活里。人要想对得住其所参与的那个与神之间的联系，就得依托人自己的能量，依托每一天，在世界里让神成真。这是唯一正确地保证连续性的办法。要正确地保证延续，就得让纯粹联系能够在诸多生命的"成为你"之中，在诸多生命上升成为"你"之中被充满。就得让神圣的基本词在一切事物中回响；人的生活的时间便发展成为一个丰满的真实，并且无论是不是不能够或不应该克服"它"的关系，人的生活都已这样为联系所作用，以至于联系在人的生活里赢得了一种大放光芒，光芒四射的稳定；最高相遇的［那两个］环节，并非黑暗中的电闪，而像月亮在群星闪耀的夜空里升起，正确地保证空间稳定，便是这样的情形，以至于人们与人们的那个真正的"你"之间的那些联系，［也就是说，］那些从各自的那个点"我"朝圆心走去的半径，①

---

① Radien 在这里是"半径"，来自Radius，并非"射线"（来自Radium）。

创造出了一个圆。先出现的，不是圆周，不是团契，而是那些半径，是与圆心之间的联系所形成的那个共同关系。真正保障了群体存续的，只是这个东西。

只有出现这两件事情，只要出现这两件事情，［也就是说，］时间定格在这与联系相称的得救生活里，空间定格在这团结在圆心周围的群体里，然后才会出现，然后也只有这样才会在看不见的祭坛周围出现，出现一个属人的宇宙，由世间世界的质料而在灵之中有了一个属人的宇宙。

人能够遇上与神相遇这种事情，不是因为满心只想着神，而是因为依托着世界，把意义印证出来了。启示就是征召、差派。然而面对那在作启示的，人所做的事情却总是弯下腰，而不是使成真；满心所想的，不是世界，而是神。同这样的人，这样弯下了腰的人，面对面站着的，当然不会是"你"，其所能够做的不外乎是把一位"神—它"（Gottes-Es）摆放到事物性里，以为神就是一个"它"，谈起神也完全当成一个"它"。就像对"我"有瘾的人并不是直接地在生活，不是直接地在感知，不是直接地有所好，而总是在琢磨自己的那个在进行感知又或者有所好的"我"，同样地，对神有瘾的人（其实，这样的人与那样的人［按：对"我"有瘾的人］能够在一个灵魂里非常融洽地相处）不是让礼物发挥出作用，而是在琢磨那个［把礼物］给了出来的东西，于是两个东西（按：礼物和那个把礼物给了出来的东西）都错过了。

在被派出去的时候，神之于你就在眼前；在差派之中行走，面前便始终有神：履行得越忠诚，神之在近处就越强烈、越稳定； （112）

| 131 |

不会满心只想着神，却能静静地同神讲话。相反，要是弯下腰，那就把神变成对象。看起来是面朝原始根基，实际上还是背对［原始根基］之世界运动的一部分，就像那履行差派的人看起来是背对，实际上是面朝［原始根基］之世界运动的一部分。

这是元宇宙层面的两种基本运动：往"本己存在"方面延展、向"紧紧结合"转身有了各自最高级的属人形态，人神关系的历史里两者既斗争又合作、既混合又离析是真正的精神形式。转身，词便降临大地，紧接着是延展，词蝶变为宗教，再次转身，词便重新有了翅膀。

主宰这里的，可不是任性，哪怕那向"它"而去的运动有时确实走得很远，甚至已把那要重新朝"你"走过去的运动压制住，甚至威胁要把它扼杀。

［各］宗教以之为根基的［那些］强有力的启示，与那出现在任何地方任何时间的平静的［启示］是同质的，[①]屹立在［那些］大型团契的开端处、屹立在人类转折点之时的［那些］强有力启示，其实就是永恒的启示。但启示不是灌给启示的接受者，就像透过一个漏斗灌进世界里那样，［相反，］启示来到他身上，逮住他全部"这样的存在"的整个元素并与之融会。就连那［据说］就是"嘴"的人，[②]恰是如此，他并不就是话筒——并不就是工具，而是器官，

(113)

<hr />

① 考夫曼指出，布伯所说的"平静"或与尼采《查拉图斯特拉如是说》第二部分"大事件"有关（Kaufmann 1970, 165）。

② Auch der Mensch, der „Mund" ist。Kaufmann注释说，参看《旧约·出埃及记》第4章第16节（Kaufmann 1970, 166）。和合本新标准修订版作"他要替你对百姓说话；你要以他当作口，他要以你当作神"。这是耶和华对摩西说的话，要求摩西以亚伦为"口"。参看布伯－罗森

一个按照自己本来的规律发音的器官，发音就意味着变音。[①]

但历史时期之间存在着质的差别。会有时间成熟的时候，[也就是说，]之前遭到压制和掩埋的一个真正的人类精神元素已在地底下做好准备，哪怕正受着那般的压抑、处在那般的张力中，依然等候触摸者触摸，以便生产。启示出现在这里，逮住这已完全做好准备的元素，对它熔炼，炼出一个形象，神在世界上有了一个全新的形象。

但在历史的道路上，在这一人类元素的不断变换之中就这样，不断有新的世界地区、新的精神地区上升到那个形象里，被征召到属神的形象那里。不断有新的疆域成为"神显灵"（Theophanie）的地点。在这里起作用的可不是人的本己力量，也并不就是神的纯粹的步伐，属神的东西与属人的东西在这里混合。经启示而被派出的人，眼里就有一幅神的图像——哪怕那图像是超感官性质的，他透过他的灵的眼睛而有了那幅图像，源于他的灵的那决非隐喻而完全实际的眼力。灵也就是在通过一种观看，通过一种进行造就的观看，进行回答。哪怕我们这些地上的东西在观看神的时候从来都不会看不到世界并且只是在神的里面观看世界，我们在观看的时候已然永恒地造就出了神的形象。

形象也是"你"和"它"的混合。形象在信仰和崇拜中僵

茨威格合译本第1卷：Er also rede für dich zum Volk, und so seis: er, er sei dir zu einem Mund und du, du seist ihm zu einem Gott（Buber-Rosenzweig 1981 I, 161）。

① lauten heißt umlauten。或可参看第2部分第2节——"形成词、形成音这两件事情，不过是真正的过程出现了元音变化而已"。

化而成了对象；然而，由那在形象里面继续活着的联系的生机（Essenz），形象又会不断地重新成为眼前。神离神的那些形象很近，只要人不曾由于那些形象而淡忘了神。[①] 在真正的祷告里，崇拜、信仰会合成为鲜活的联系，崇拜、信仰得以净化而成为鲜活的联系。不管哪个宗教，只要真正的祷告在活着（按：或可译作"只要还有真正的祷告"），这就是证据，表明这宗教有真正的生活；只要宗教里真正的祷告在活着，宗教就在活着。宗教的退步，其实是宗教中祷告的退步：联系的能量在宗教中程度越来越深地为对象性所掩埋，在宗教中变得越来越沉重，以至于难以同那完整的没有分割的生命说"你"，人最终一定要，[更具体地说，]为了能够做到这一点，一定要从那错误的受保护状态（Geborgenheit）里走出来，走进无限的东西的冒险里，一定要从团契里走出来，团契的头顶虽然还有教堂的屋顶，却不再有天空，[一定要从团契走出来，]走进终极的孤独里。那便意味着在最深底处并没有认识清楚内在动因，要是用"唯主观论"来进行称谓：当面活着，就是在一个东西之中、在真实之中活着，就是在唯一真正"Objektivum"（按：拉丁语，客观的东西）里活着，走出来的人不愿活在看起来像客观的东西、造成幻觉就好像是客观的东西的那个东西里，要赶在那个东西把真理扼杀以前，到那真切地在存在的东西那里找活路！唯主观论把神灵魂化，唯客观论把神对象化，后者错在捉得太紧，前者错在放得过松，两者都偏离了真实的道路，两者都

---

① God ist seinen Gestalten nah, solang sie der Mensch ihm nicht entrückt. Kaufmann 译成 God is near his forms as long as man does not remove them from him。

把真实替代掉了。

神离神的那些形象很近，只要人不曾由于那些形象而淡忘了神。但要是宗教的延展运动将［宗教的］转身的运动压制，由于形象而淡忘了神，那么，形象的容颜就会消失，形象的双唇就会僵死，形象的两手就会软弱无力地垂下，神也不再懂这形象了，至于世界房屋，原是围着形象的祭坛而建造的，是属人的宇宙，它坍塌了。这里发生的事情还有，人既然扼杀了真理，便再也看不到这里发生的事情。

（115）

发生的事情是词的破碎。

词在启示里原本就存在着，在形象的生命里发挥着作用，在已逝者的统治中发挥着效力。

永恒的并永恒地就在眼前的词在历史中就是这样地走在路上，还走在往回退的路上。

原本就存在着的词在其中出现的那些时期，是"我"与世界之间的"紧紧结合"得以更新的时期；发挥着作用的词在其中进行支配的那些时期，是"我"与世界之间的融洽不断在继续的时期；词在其中得以发挥着效力的那些时期，是"我"与世界之间的"失真"、陌生化大行其道的时期，是终于生出灾难的时期——直到大颤抖来临，在黑暗中屏住呼吸，那是正在做着准备的沉默。

然而，路不是转圈。路是道路。灾难在每个新的世间里都是带来压迫的东西，转身则是进行爆破的东西。"神显灵"［的那个时候］越来越近，越来越靠近诸多生命之间的那个疆域：靠近那藏在我们的圆心里，藏在"之间那里"（Dazwischen）的国度。历史就是一种极其奥秘的走近。历史道路上的每一个螺旋，把我们带到更深的堕落，同时也把我们带到更彻底的转身。［这就是］那个事件，其世界的一面是转身，其神的一面是救赎。

后　记

1

最开始写作这本书（四十多年前的时候），是因为有一种内在的必然在催促我。一个从我年轻时候开始一直挥之不去，却总也看不清楚的想法，终于成其为一个永久清楚的东西，而这显然是冥冥中的安排，我本人也是很快就意识到自己要给它作见证。在找到了应该使用的话，写出这本书的最终模样之后，也还可以再补充一些东西进去，然而这本书已经有了自己的位置，有了独立的样子。之后便有了几篇写得比较短小的东西，更详细地述说那个想法，算是举些例子，同时也想对一些指责进行回敬，并对有些看法提出批评。虽然也要感谢那些看法，感谢它们提供了很重要的东西，但它们并没有看到我最深深地关切的那个东西的核心意味，没有看到与神的联系、与身边人的联系这两者其实有一种密切的"紧紧结合"。然后就又有了几篇说明，有的在谈人类学层面的基础，有的在谈社会学层面的顺理成章之事。但很明显的是，仍然没有做到说得很清楚。总是有读者当面来问，这个或者那个究竟是什么意思。我在很长一段时间里都是在解答，却也逐渐地意识到，那样的事情我不可能应付得完，并且我也不可以只跟那些走过来同我讲话的读者保持一种对话关系，在保持沉默的人们当中或许也有一些很值得重视。所以有一件事情是我一定要做的，那就是公开地解答，主要是解答几个根本性的问题，而且相互之间还存在着关联。

2

第一个问题，要是这样来表述，大概比较精确：如果我们，就像这本书里所说的那样，如果我们不只是和其他的人，也可以和我们在自然界当中遇到的其他生命、事物保持一种"我—你"关系，那么，这两种"我—你"关系又有什么样的区别呢？要是这样来表述，恐怕还要确切些：如果"我—你"关系就是一种既有"我"在里面也有"你"在里面的相互作用，那么，与那些如自然般的东西的联系真的可以被理解成这样一种关系么？要是这样来表述，或许还要准确些：如果我们可以假定，我们在遇见的时候当成我们的"你"的那些自然生命、自然事物，真的和我们形成一种"相互"，那么，这种"相互"有着什么样的特点呢，我们在这里真的可以运用这个基本概念么？

（119）

确实，关于这个问题，不会有一个统一的回答；我们在这里，既然不可以像往常那样把自然界看成一个整体，也就一定要把自然界的各个区域分割开来进行考察。人在很久以前就"驯服了"动物，现在仍然有能力继续做这种奇特的事情。人把动物带到人生活的地方，让动物用一种很低级的方式接受他，接受这个陌生人，"听他的使唤"。人从动物那里可以看到，当人走近的时候，当人召唤的时候，动物就会有一种常常能让人感到惊奇的，积极的反应，并且总的说来，反应将越发地明显和直接，只要人和动物的关系越发地是一种真实的"说你"。动物其实也像儿童一样，很会装出一副温柔乖巧的样子。不过，哪怕不是在驯服的境地里，人和动物之间偶尔也还是会有某种与之类似的接触：只要人是那样的一种人，在生命的根底处与动物之间保持一种潜在的伙伴关系，换而言之，人必须不是"动物"人，而是一种自然"精神"人。

动物和人不一样，动物不是两重的：基本词"我—你""我—它"的两重性，动物那里并没有，尽管动物也能够与其他某个生命面对面，能够注视其他某个生命，视之为对象。或者我们可以这样说，在动物那里那种两重性处在一种沉寂的状态里。所以，从我们向动物"说你"这个角度出发，我们应该把这个领域称作相互性的"门口"。

（120）

至于另外一些自然区域，我们与动物所共有的那种自发性并没有出现在那里的那些区域，则是一种另外的情况。比如我们所说的植物，我们对它们做出动作，它们是没有回应的，它们不能够"反应"。不过，这并不意味着我们在那里看不到一丝丝的互动。那里的那个生命确实给不出动作或者姿势，但这里仍然有一种属于存在本身的互动，一种真切地在存在着的互动。一棵树，它那洋溢着生气的整体和统一，一心只想着对它进行研究的人的那种极其严格的目光当然是看不到的，"说你"的人的目光则看得到。那样的一棵树真的就在那里，如果是那样的一个人在那里。是那样的人，使得那棵树可以把树的那个样子展现。是那棵真切地在存在着的树，在展现树的那个样子。我们的思维惯性导致我们很难想到，原来在那里，由于我们的姿态所起的唤醒作用，在存在的东西的层面确实有某个东西在我们面前闪烁着。在这样的领域里，务必要合适地面对那正在向我们敞开的真实。我打算把这个领域，这个包括从石头直到星辰诸多内容的领域，称作"门前"领域，也就是说，在门口的前面。

3

　　这就又有了一个问题，问题是提给沿用刚才使用的那种形象的语言大概可以称作"门楣上面"（superliminare［按：拉丁语，门楣上面］[1]）的那个领域，也就是说，大门正上方那片阳台，也就是精神领域。

（121）　　精神领域也一定要划分成为两个区域；但这种划分，要比自然界内部的那种划分深沉得多。这里划分出来的两个区域，一个里面都是具有精神，并且已经进入世界，透过我们的感觉器官而成其为世界当中能够被感觉到的东西，另一个里面则都是还没有进入世界，但做好了准备要进入世界，将会出现在我们眼前的东西。如此划分当然是有依据的，我的读者朋友啊，已经进入世界的精神成果我是可以指给你看的，但另外那类精神事物我就没办法指给你看了。我可以把那种在我们大家所共有的这个世界里面同样也"现存地"是一个自然事物或者自然生命的精神成果指给你看，它是你真的可以接触到又或者是你很有可能接触到的东西，但我没办法把那种还没有进入世界的精神成果指给你看。如果这时又有人向我询问这个应当可以看到相互性的边缘区域，我其实只给出一种间接的指引，指出在人的生活里确实存在着一些难以描述

---

① 考夫曼译本提示说，superliminare（门楣上面）语出武加大《圣经》，系出《埃及记》第12章第22句（Kaufmann 1970, 173）。此即"蘸盆里的血，把盆里的血涂在门楣上和两边的门框上"，武加大《圣经》原文是tinguite sanguine qui est in limine et aspergite ex eo superliminare et utrumque postem。

的事情，在那些事情里就遭遇了精神。然后，如果这种间接的做法是不够的，那么我所能够做的事情就是，诉诸你自己，我的读者啊，你自己的那些奥妙的事情，那些似乎已被掩埋，其实还是可以想得起来的奥妙的事情。

现在我们再回到第一个区域，那个"现成"的区域。那里可以找到一些例子。

提问题的人说出的话，俨然就是几千年前某位大师流传下来的警句，他们的耳朵尽其所能地照着那位说话者当时所说的内容，好像他就是在对着他们说一样，把警句接住，把警句怀在他们的里面。他们一定是用他们的整个的生命，面对着那些现存的警句的那位已经不现存的说话者①，也就是说，在那位既是死人也是活人的说话者的面前，他们采取的姿态一定是我所说的"说你"。如果他们真是那样（通过意志又或者努力是没办法做到那样的，但通常也可以这样做），那么，他们就听到了一个声音——或许刚开始的时候还听得不是很清楚，那个声音和他们从大师那里听到的其他真切的警句所发出的声音是一样的。这时的他们已经不可能再像以前把警句都当成对象来看那样了，他们不可能再从警句当中整理出什么内容又或者节奏，他们只是把被说出来的东西的那种没有被切分的完整性怀在他们的里面。

（122）

---

① 这是一句比较拗口的话，容易让人联想到蒂利希后来讲过的一番话——"我回忆到一个不能忘记的时刻，那是在我去柏林大学的路上，在一个书肆里，得到一部非常稀有的第一版的《谢林全集》。我没有钱，但我千方百计地买下了它。这一次用去的不现存的钱也许比我用去的所有不现存的钱和现存的钱都更为重要。因为我从这部书中学到的东西决定了我的哲学和神学的发展"（蒂利希2001，553）。

但这里的关键还是人格，人格显露在人格说出的词当中。我这样说，可不只是指人格在说出的词当中继续发挥作用。我要举一个里面并没有人格性的东西的例子来解释。我还是像往常一样，举一个在很多人那里都有明显印象的例子。那就是多里斯式的柱子，当这种柱子出现在一个有能力与它面对而且也做好了准备与它面对的人面前的时候。我最初碰到它，是在叙拉古，一座教堂的墙上。它嵌在墙上。那般奇妙的事物，竟然以那般朴实的形态矗立在那里，以至于并非它的哪个个别的东西是我所看到的，并非它的哪个个别的东西是我所欣赏的。可以领略到的，也正是我所能够领略到的。我和这个精神成果，这个穿越人的感觉和手而有了身体的精神成果，面对面地站着，保持距离。这里就没有了相互性的概念吗？它只是钻回到阴暗的地方，或者换种说法，它变身成为一种具体的事实，冷漠地拒斥了概念性，但它是明亮的，可以信赖的。

由此我们也就需要看一看第二个区域，尽是一些"不现存的东西"的区域，与"灵性的生命性层面的东西"保持联系的区域，词和形式从那里产生的区域。

成为词的精神，成为形式的精神！任何人只要被精神触摸到了，只要并没有拒绝精神，就都在一定程度上对基本事实性的东西有所体会，也就是说，这样的东西并不是无须播种，就可以在人的世界里发芽、成长，它来自于与别的东西之间的相遇。不是与柏拉图所说的那些理念相遇（关于那些理念，我可从来没有得到过直接的认知，也不觉得它们是在存在着的东西），而是与精神相遇，那吹动在我们身边，吹拂着我们的精神。我又想到了尼采那句古怪的告白。他在谈论"灵感"那件事情的时候说到，人们接到了灵感，却没有问一句，到底是谁给的。^①人们没有问一句，然而人们是很感激的。

谁要是很懂精神的气息，谁就是在侵犯，当对精神进行控制，又或者对精神的特性进行探究的时候。然而，那将还是不忠诚的，当把这份礼物完全归结于自己的作用的时候。

4

我们重新再来看看这里关于与自然之物的相遇、与精神之物的相遇所说过的内容。

我们真的，要是现在有人来问，真的可以也用"回应"或者 （124）"致词"这个说法来谈论我们在考察存在秩序的时候认定具有自发性和意识的事物以外的那些事物，就好像是在谈论我们所生活的人类世界当中的那种回应或者致词么？这里所说的内容所具有的有效性，难道不就是某个"人格化了"的隐喻所具有的那种有效性么？这里岂不就是一种很成问题的"神秘主义"，把理性认识划得很清楚，理性认识一定会划得很清楚的界限弄得一片模糊的神秘主义么？

"我—你"关系的清晰、稳定的结构，它是任何一位怀着一

---

① 原文是 man nehme, aber man frage nicht, wer da gibt. 语出尼采《看哪这人》，其中"查拉图斯特拉"部分第3节（Nietsche 1908，91）。尼采的原话是 man nimmt, man fragt nicht, wer da gibt（可参看尼采2000，110："人们取之，而不问予者是谁。"）

颗不偏不倚的心，有勇气进入其中的人所信赖的，它不具有神秘主义的特性。我们时常一定要做的事情是，脱离我们的思维惯性，以便理解我们的思维惯性，但不要脱离那些规定着人类对现实所作的思考的原始规范。与自然领域一样，在精神领域当中——所谓精神，就是指继续存活于警句和作品之中的那个精神，就是指愿意成为警句和作品的那个精神——它们对我们所起的作用也被理解为一种来自在存在着的东西的作用。

5

接下来的问题说的不是相互性的门口、门外又或者门楣上方，它说的是相互性本身，说的是作为我们的存在的大门的相互性。

问：人与人之间的"我—你"关系究竟是怎么一回事？这种关系从来都是相互么？从来都能够是这样，从来都应该是这样么？
（125）它难道不是会像所有属人的东西那样，同样也受制于我们的不足所造成的限制，还受制于我们大家生活在一起所以共同遵守的那些内部规律所造成的限制？

这两种限制的第一种，已然是极熟悉的事情。从你的眼神一天又一天，看到你的"邻居"，很需要你的"邻居"，他那相当陌生地看着你的眼神，直到圣洁人物们一次又一次，徒劳地送出伟大的礼物——所有这一切都在对你说，并非人们生活在一起就一定会有相互性。十足的相互性是一种恩典，我们一定要时刻为了它而做好准备，却不一定可以得到。

有一些"我—你"关系依其种类而言，一定不会发展成为十足的相互性，因为那些"我—你"关系始终只会是那样的一种关系。

　　我曾在另外的地方，[①]把真正的教育者同学生之间的关系说成是这样的关系。为了能够帮助学生的生命里那些最好的可能性，使之成为现实的，教师一定要把他当成是一个具有潜能性和活跃性的特定人格，或者说得更确切些，教师一定不能把他看成是一堆属性的集合，一堆努力以及遇挫的集合，教师一定要意识到他是一个整体，要对他的这份完整表示认可。但教师若要真能够做到这一点，则必定把他当成二元境遇里的伙伴。并且为了让教师对于他所起的作用是完整地有意义的，教师一定不可以只是从自己的目的出发，而一定还要从他面前那位的目的出发，体验着这份境遇的所有时刻；教师所实施的那种实现，一定就是我所说的"容纳"。既然其中的关键就在于，教师在学生那里要唤起一种"我—你"关系，学生同样地也要把教师当成是这种特点的人格并予以认可，那么这种特别的教育者式的教育将不可能持续，如果学生也采取容纳的姿态，也就是说，学生在共有的这份境遇里，也在尝试着教育者的角色。无论"我—你"关系现在是终结了，还是转换成为另外一种完全不同的友谊，这里所特指的那种教育者式的教育作为这样一种教育，并不具有十足的相互性。

　　还有另外一个同样具有意味的例子，可以向我们说明相互性的受限制是很正常的现象，那就是一位真正的心理治疗师和病人

---

① 即 *Über das Erzieherische* 一文。

之间的关联。如果心理治疗师"分析"病人，也就是说，从病人的微观宇宙里提取一些无意识的因素，把经过这样一种抽取而被改变了的能量运用于有意识的工作领域，那么他确实很有可能帮助有些病人有所恢复。在做得最好的时候，他很有可能可以帮助某颗已然凌乱、结构松散的灵魂在一定程度上重新变得紧凑而且具有秩序。然而，这里真正需要他做的事情，让一座已然荒废的人格中心重获生机，他却并没有做到。能够做成这件事情的人，一定是通过医生的那种伟大眼神，把这颗受苦的灵魂的已然被掩埋的沉寂的统一看在眼里，而要做到这一点，一定是采取人格面对人格的那种伙伴式的态度，决不是当成客体来观察、研究。把那个统一解放出来，将其激活，办法就是营造人格与世界和谐相处的新境遇。为了促成这一点，他一定要和那位教育者一样，不只是从他出发，从二元关联当中他所在的那一元出发，还要凭着"回想"的能量，出现在另外一元那里，体会一下他自己的行动所带来的效果。然而，这里所特指的这种关联，这种"治愈"式的关联，在以下这样的时刻还是会终结，那就是当病人打算并且确实从他的角度出发要采取容纳的姿态，要出现在医生那一元那里，体验一下那里发生的事情的时候。像教育活动一样，治愈活动的实施者只能是就在面前鲜活地生活着，却又已经入了神而离去的那一位。

（127）

关于相互性的受限制是很正常的现象，最醒目的例子恐怕应该是灵性指导者。在这里，倘若姿态是在其面前且又将其容纳，那可就违背了这种委托行为的圣礼本意。

"我—你"关系，只要是处在这样一种关联之内的，也就是说，处在其中一方本着某个目的要对另一方有所作用而形成的那种关联之内，那么，由于其所负担的是这种相互性，"我—你"关系便不会成为十足的相互性。

6

由此也就只会再有一个问题要谈，但这也是一定要谈的一个问题，因为它是无比重要的一个问题。

大概会这样来问：关联之中的"永恒的你"如何能够既是排它的，又是包容的？人与神之间的"你"关系，既然要求无条件地，不被任何东西所打扰地对准神，又如何能够一同容纳这个人的其他所有"我—你"关系，就好像把它们都带到神那里呢？

补充一下，其所问的不是神，而是我们与神的关联。然而我，为了能够解答，一定要谈论神。这是因为我们与神的关联是高于对立的，毕竟，神是高于对立的。

（128）

很显然，这里可以谈论的只是，就其与一个人具有关联而言神是什么。就连这件事情，也只能用悖论的语言来讲，说得更确切些：要对一个概念作一种悖论式的使用；还可以说得更确切些：将一个名词概念同一个形容词悖论性地联结起来，这个形容词与我们通常赋给这个名词的内容之间本来是有矛盾的。如此矛盾而居然可以成立，势必是给这样一种洞察作铺垫，此即可以这样并且也只有这样，才能够用这样的一个概念对对象作这样一种不可或缺的表述。概念在内容上获得了一种颠覆式的，重大改造式的拓展，然而其实，任何一个概念，逢着我们出于信仰的真实而有所用，取之于"内蕴"领域，却要表示"超越"领域的意味，都将具有这种特点。

每个不认为"神"只是一个原则的人，包括我本人，都会把神表述为一个人格，哪怕像埃克哈特那样的神秘主义者们有时候把神等同于"存在"。每个不认为"神"只是一个理念的人，包括我本人，都会把神表述为一个人格，哪怕像柏拉图那样的哲学家有时候就把神看成那样的东西。每个认为"神"从来都是通过创造的、启示的、救赎的行动，同我们人保持一种直接关联，并由此使得我们有可能也进入一种与神之间的直接关联的人，包括我本人，都会把神表述为一个人格。每次都是我们的存在的这个根据和意义，构建了一种原本只能够存在于人格与人格之间的相互性。人格性的概念，当然不足以揭示神的本质。但的确可以说，也需要说，神也是一个人格。如果我想把这里希望被理解的内容翻译成某位哲学家的语言，斯宾诺莎的语言，那么我一定会这样说：神的无限多的属性对于我们人来说，不像斯宾诺莎所说的那样是两个，而是三个。除了精神性，我们称作精神的那个东西恰以精神性为起源，以及自然性，我们所熟悉的自然就是自然性的展现，此外还有第三个属性，那就是人格性。我的人格存在，所有人的人格存在，都来自人格性，来自这个属性，就像我的精神存在、自然存在，所有人的精神存在、自然存在，都来自于精神性、自然性一样。并且也只有这第三个属性，人格性的属性，是我们可以透过人格性本身的特点而

(129)

直接了解到它就是属性的属性。

但是，考虑到人格概念通常所指的内容，矛盾就在这里出现了。矛盾表示，所谓人格，意味着人格虽然具有独立性，但由于还存在着其他的复数的独立性，人格在总体的存在当中是会被相对化的；很显然，这不可能适用于神。迎接这个矛盾的，是悖论性地将神表述为绝对的人格，也就是说，表述为无法被相对化的人格。神作为绝对的人格，进入一种与我们之间的直接关联。矛盾一定是给一种更高级的洞察作铺垫。

现在我们可以说，神把神的绝对性带到神与人之间的关联之中。面对着神的人，由此也就不必背对着其他所有"我—你"关系，人合乎尺度地把其他所有"我—你"关系都带到神那里，让它们"在神的面前"荣升。

（130）

然而一定要小心，不要把与神之间的谈话，我在这本书里以及在后来所写的几乎所有书当中所说到的那种谈话，理解为某种紧挨着日常生活又或者就在日常生活上面进行的谈话。神向人说出的语言，渗入我们每个人自己的生活所发生的事情里，渗入我们周围这个世界所有发生的事情里，渗入所有传记、所有历史里，神向人说出的语言对于你对于我来说都是指引、督促。一个事件又一个事件，一个境遇又一个境遇，都是由于这样的人格语言的作用而有了能力、有了权力呼唤人的人格，要坚守，要决定！我们甚至经常认为没有什么是一定要听到的，我们老早以前就已经用蜡封住了我们自己的耳朵。

神人之间的相互性的存在是无法证明的，就像神的存在也是无法证明的。然而谁要是敢于谈论这个无法证明的东西，谁就是在给出见证，同时也在召唤听他谈论的那个人的见证，召唤那个人在眼前见证或者在将来见证。

耶路撒冷，1957年10月

参 考 文 献

Albert Bastian: *Der Gottesbegriff bei Jakob Böhme. Inaugural-Dissertation zur Erlangung der Doktorwürde der hohen philosophischen Fakultät der Königl.* Christian-Albrechts-Universität zu Kiel, Kiel: Lüdtke & Martens 1905.

Hermann Beckh: *Buddhismus. Buddha und seine Lehre. I-II*, Berlin: Walter de Gruyter 1916.

Walter Benjamin: *Das Kunstwerk im Zeitalter seiner technischen Reproduzierbarkeit. Die drei deutschen Fassungen in einem Band*, Berlin: Contumax 2015.

Hans Bethge: *Die chinesische Flöte. Nachdichtungen chinesischer Lyrik*, Leipzig: Insel 1907.

Jochanan Bloch: *Die Aporie des Du. Probleme der Dialogik Martin Bubers*, Heidelberg: Lambert Schneider 1977.

Jochanan Bloch und Haim Gordon: *Martin Buber: Bilanz seines Denkens*, Freiburg: Herder 1983.

Martin Buber: *Die Legende des Baalschem*, Frankfurt am Main: Rütten und Loening 1908.

Martin Buber: *Reden und Gleinisse des Tschuang-Tse*, Leipzig:

Insel 1910.

Martin Buber: *Die Geschichte des Rabbi Nachman*, Leipzig: Oscar Brandstetter 1916.

Martin Buber: *Ekstatische Konfessionen*, Leipzig: Insel 1921.

Martin Buber: *I and Thou, translated by Ronald Gregor Smith*, Edinburgh: T.&T. Clark 1937.

Martin Buber: *Pointing the Way: Collected Essays*, translated by Maurice Friedman, Atlantic Highlands, New Jersey: Humanities Peace International 1957.

Martin Buber: *I and Thou*, translated by Ronald Gregor Smith, New York: Charles Schribner's Sons 1958.

Martin Buber: *Werke. I - III*, München: Kösel 1962.

Martin Buber: *I and Thou*. A new translation with a prologue "I and You" and notes, translated by Walter Kaufmann, New York: Charles Scribner's Sons 1970.

Martin Buer: *Briefwechsel aus sieben Jahrzehnten II. 1918-1938*, hrsg. Grete Schaeder, Heidelberg: Lambert Schneider 1973.

Martin Buber: *Die Schrift, verdeutscht mit Franz Rosenzweig*, Heidelberg: Lambert Schneider 1979-1985.

Martin Buber: *Nachlese*, Gerlingen: Schneider 1965c, 1993.

Martin Buber: *Gottesfinsternis. Mit einer Entgegnung „Religion und Psychologie" von C.G. Jung*, Heidelberg: Lambert Schneider 1994.

Martin Buber: *Ecstatic confessions: the heart of mysticism*, translated by Esther Cameron, Syracuse University Press 1996.

Martin Buber: *SW (Schriften zur Werkausgabe)*, Güterslohn: Güterslohn 2002 - 2012.

Gotamo Buddha: *Die Reden Gotamo Buddhos. Aus der Sammlung der Bruchstücke Suttanipato des Pali-Kanons*, übersetzt von Karl Eugen Neumann, München: R. Piper 1911 2 Aufl..

Bernhard Casper: *Das dialogische Denken. Franz Rosenzweig, Ferdinand Ebner und Martin Buber*, Freiburg und München: Karl Alber 2002.

Kennth N. Cissna and Rob Anderson: *Moments of Meeting: Buber, Rogers, and the Potential for Public Dialog*, Albany: State University of New York Press 2002.

Keith W. Clements: *The Theology of Ronald Gregor Smith*, Leiden: Brill 1986.

Alighieri Dante: *La Divina Commedia. Paradiso, a cura di Carlo Salinari, Sergio Romagnoli, Antonio Lanza*, Pordenone: Edizioni Studio Tesi 1991.

Hermann Diels: *Die Fragmente der Vorsokratiker*, hrsg. Walther Kranz, Berlin: Weidmann 1960 (9. Aufl.).

Johann August Eberhard: *Synonymisches Handwörterbuch der deutschen Sprache*, Neutlingen: Maecken 1805.

Ferdinand Ebner: *Fragment über Weininger*, in: Der Brenner VI.1 (1919).

Ferdinand Ebner: *Kultur und Christentum*, in: Der Brenner VI.2 (1919).

Ferdinand Ebner: *Das Wort und die geistigen Realitäten*, in: Der Brenner VI.4 (1919).

Ferdinand Ebner: *Wort und Menschwerdung*, in: Der Brenner VI.5 (1919).

Ferdinand Ebner: *Das Urwort der Sprache*, in: Der Brenner VI.6 (1919).

Ferdinand Ebner: *Schriften I-III*, München: Kösel 1963.

Meister Eckhart: *Meister Eckharts mystische Schriften*. In unsere Sprache übertragen von Gustav Landauer, Berlin: Karl Schnabel 1903.

Julius Eggeling: *The Satapatha-Brâhmana IV*, Oxford: Clarendon 1894.

Rudolf Eucken: *Die Einheit des Geisteslebens in Bewusstsein und That der Menschheit*, Leipzig: Veit & Comp 1888.

Karl Christian Felmy: *Einführung in die orthodoxe Theologie der Gegenwart*, Berlin: LIT 2014.

Albert Freybe: *Altdeutsches Leben. Stoffe und Entwürfe zur Darstellung deutscher Volksart*, Gütersloh: Bertelsmann 1878.

Maurice S. Friedman: *Martin Buber: The Life of Dialogue*, London and New York: Routledge 2002 4th.

Johann Georg Goethe: *Zur Farbenlehre*, Tübingen: Cotta 1810.

Johann Wolfgang Goethe: *West-Östlicher Divan*, Stuttgart: Cotta

1819.

Johann Wolfgang von Goethe: *Faust. Eine Tragödie*, Stuttgart und Tübingen: Cotta 1834.

Johann Wolfgang von Goethe: *Werke*, Stuttgart und Tübingen: Cotta 1828.

Ernst Grumach: *Goethe und die Antike. Eine Sammlung*, Berlin: Walter de Gruyter 1949.

Zhengxiang Gu: *Übersetzte Literatur in deutschsprachigen Anthologien. Bd 6. Anthologien mit chinesischen Dichtungen*, Stuttgart: Anton Hiersemann 2002.

Robin Hard: *The Routledge Handbook of Greek Mythology. Based on H.J. Rose's Handbook of Greek Mythology*, London and New York: Routledge 2004.

Johannes Haussleiter, Zur Herkunft des fruitio dei. Eine Ergängzung zum Aufsatz von R. Lorenz in der ZKG 1952-1953. in: *Zeitschrift für Kirchengeschichte* 70 (1959).

Martin Heidegger: Die Selbstbehauptung der deutschen Universität, in: *ders., Gesamtausgabe Bd. 16. Reden und andere Zeugnisse eines Lebensweges*, Frankfurt am Main: Vittorio Klostermann 2000.

Friedrich Heiler: *Die buddhistische Versenkung. Eine religionsgeschichtliche Untersuchung*, München: Ernst Reinhardt 1922 2.Aufl..

Karl Heim: Ontologie und Theologie, in: *Zeitschrift für Theologie und Kirche* 11 (1930).

Eva-Maria Heinze: *Einführung in das dialogische Denken*, Freiburg und München: Karl Alber 2011.

Heraclides Ponticus: *Heraklides Pontikus über Homers Allegorien*, übersetzt. Johann Georg Schulteß, Zürich: Orell 1779.

Rivka Horwitz: *Buber's Way to I and Thou: An Historical Analysis and the First Publication of Martin Buber's Lectures „Religion als Gegenwart"*, Heidelberg: Lambert Schneider, 1978.

Gustav Julius: *Die Jesuiten. Geschichte der Gründung, Ausbreitung und Entwickelung, Verfassung und Wirksamkeit der Gesellschaft Jesu I*, Leipzig: Julius Meissner 1854.

Immanuel Kant: *Kants gesammelte Schriften Bd.27. Abt.4*, Berlin: Walter de Gruyter 1975.

Walter Kaufmann: Bubers religiöse Bedeutung, in: Paul Arthur Schilpp und Maurice Friedman (hrsg.), *Martin Buber*, Stuttgart: W. Kohlhammer 1963.

Walter Kaufmann: *The Faith of a Heretic*, New Jersey: Princeton University Press 2015.

Franz Koch: *Goethe und Plotin*, Leipzig: Weber 1925.

Gerhard Krause und Gerhard Müller (hrsg.): *Theologische Realenzyklopädie Bd.4. Arkandisziplin – Autobiographie*, Berlin: Walter de Gruyter 1979.

Grafen von Las Cases: *Denkwürdigkeiten von Sanct-Helena, oder*

Tagebuch, in welchem alles , was Napoleon in einem Zeitraume von achtzehn Monaten gesprochen und gethan hat, Tag für Tag aufgezeichnet ist, Stuttgart und Tübingen: Gotta 1823.

Martin Leiner: „Glaube ist der Eintritt des Menschen in die ganze Wirklichkeit." Bemerkungen zu Bubers Jenenser Vortrag und seinen religionsphilosophischen Hintergründen, in: Martha Friedenthal-Haase / Ralf Koerrenz (hrsg.), *Martin Buber. Bildung, Menschenbild und Hebräischer Humanismus. Mit der unveröffentlichten deutschen Originalfassung des Artikels „Erwachsenenbildung" von Martin Buber,* Paderborn u.a.: Ferdinand Schöningh 2005.

Otto Liebmann: *Zur Analysis der Wirklichkeit: Eine Erörterung der Grundprobleme der Philosophie* 1876.

Rudolf Lorenz: Fruitio Dei bei Augustin, in: *Zeitschrift für Kirchengeschichte* 63 (1950 / 51).

Martin Luther (übers.): *Die Bibel oder die ganze Heilige Schrift des Alten und Neuen Testaments*, Stuttgart: Württembergische Bibelanstalt 1901.

Christine Maillard: Eine Wissensform unter Heterodoxieverdacht. Die speculative Alchemie nach 1600, in Hartmut Laufhütte und Michael Titzmann (hrsg.): *Heterodoxie in der Frühen Neuzeit*, Berlin: Walter de Gruyter 2006.

Georg August Meier: *Die Lehre von der Trinität in ihrer historischen Entwickelung Bd.II*, Hanburg und Gotha: Friedrich und Andreas Perthes

1844.

Nietzsche: *Ecce homo. Wie man wird, was man ist*, Leipzig: Insel 1908.

Friedrich Oetinger: *Biblisches und Emblematisches Wörterbuch*, 1776.

Hermann Oldenberg: *Buddha: sein Leben, seine Lehre, seine Gemeinde*, Berlin: Wilhelm Hertz 1890.

Hermann Oldenberg: *Reden des Buddha: lehre, verse, erzählungen*, München: K. Wolff 1922.

Rudolf otto: *Das Heilige. Über das Irrationale in der Idee des Göttlichen und sein Verhältnis zum Rationalen*, Breslau: Trewendt und Granier 1920, 4.Aufl..

Georg Pfeiderer: *Theologie als Wirklichkeitswissenschaft. Studien zum Religionsbegriff bei Georg Wobbermin, Rudolf Otto, Heinrich Scholz und Max Scheler*, Tübingen: Mohr 1992.

Franz Pfeiffer: *Deutsche Mystiker des vierzehnten Jahrhunderts II. Meister Eckhart*, Leipzig: G.J. Göschen 1857.

Plotin: Opera, ediderunt Paul Henry et Hans-Rudolf Schwyzer. I-III, Oxford: Oxford University Press 1954.

Otto Rank: *Der Doppelgänger. Eine psychoanalytische Studie*, Leipzig et al. : International psychoanalytischer Verlag 1925.

Anna Marie Reijnen: Das Heilige als Kategorie bei Rudolf Otto und Paul Tillich, in: Gert Hummel und Doris Lax (hrsg.), *Mystisches*

Erbe in Tillichs philosophischer Theologie, Münster: LIT 2000.

Richard Reitzenstein: *Poimandres. Studien zur griechisch-ägyptischen und frühchristlichen Literatur*, Leipzig: Teubner 1904.

Daniel Sanders: *Wörterbuch deutscher Synonymen*, Hamburg: Hoffmann & Campe 1871.

Friedrich Schelling: *Sämtliche Werke*, Stuttgart und Augsburg: Cotta 1856-1864 (Band IV - 1859; Band VII - 1860).

Max Scheler: *Vom Ewigen im Menschen. I. Religiöse Erneuerung*, Leipzig: Neue Geist 1921.

Georg Scherer: *Studien zum Problem der Identität*, Opladen: Westdeutscher 1982.

Paul Arthur Schilpp and Maurice Friedman (ed.): *The Philosophy of Martin Buber*, La Salle, Illinois: The Open Court Publishing Co. 1967.

Hans Schulz und Otto Basler: *Deutsche Fremdwörterbuch Bd. V Eau de Cologne - Futurismus*, Berlin: Walter de Gruyter 2004 2.Aufl..

Karl Seidenstücker: *Pali-Buddhismus in Übersetzungen*, Leipzig 1911.

Meike Siegfried : *Abkehr vom Subjekt: Zum Sprachdenken bei Heidegger und Buber,* Freiburg: Karl Alber 2010.

Georg Simmel: *Lebensanschauung. Vier metaphysische Kapitel*, München/Leipzig 1918.

Theodor Steinbüchel: *Der Umbruch des Denkens. Die Frage nach der christlichen Existenz erläutert an Ferdinand Ebners Menschdeutung,*

Darmstadt: Wissenschaftliche Buchgesellschaft 1966 (Orginal: Regensburg 1936).

Paul Tillich: *Jewish Influences on Contemporary Christian Theology*, in: *Cross Currents* 2 (1952).

Judith Walter: *Le Livre de Jade*, Paris: Alphonse Lemerre 1867.

Annette Wiesheu: *Die Hirtenrede des Johannesevangeliums. Wandlungen in der Interpretation eines biblischen Textes im Mittelalter (6. – 12. Jahrhundert)*, Paderborn: Schöningh 2006.

Wilhelm Windelband: *Die Geschichte der neueren Philosophie. I-II*, Leipzig: Breitkopf und Härtel 1878-1880.

Helen Wodehouse: Martin Buber's 'I and Thou', in: *Philosophy* 20:75 (1945).

Erwin Ritter von Zach: *Erwin Ritter von Zach (1872-1942). Gesammetlte Rezensionen. Chinesische Geschichte, Religion und Philosophie in der Kritik*, hrsg. Von Hartmut Walravens, Wiesbaden: Otto Harrassowitz 2005.

布伯:《我与你》,许碧端译。

卜伯:《吾与汝》,张毅生译,载《鹅湖》1979年总第5卷第1期至第3期。

布伯:《我与你》,陈维钢译。

布伯:《道教》,载夏瑞春:《德国思想家论中国》,南京:江苏人民出版社1995。

《奥义书》,黄宝生译,北京:商务印书馆2010。

《汉译南传大藏经全集·相应部经典一》，通妙译，高雄：元亨寺妙林出版社1993。

《汉译南传大藏经全集·相应部经典六》，云庵译，高雄：元亨寺妙林出版社1994。

《汉译南传大藏经·增支部经典一》，叶庆春译，高雄：元亨寺妙林出版社1994。

《汉译南传大藏经全集·小部经典二》，云庵译，高雄：元亨寺妙林出版社1995。

《杂阿含经》，中国佛教文化研究所点校，北京：宗教文化出版社1999。

本雅明：《机械复制时代的艺术作品》，北京：中国城市出版社2001。

柏拉图：《柏拉图对话集》，王太庆译，北京：商务印书馆2004。

柏拉图：《蒂迈欧篇》，谢文郁译，上海：上海人民出版社2005。

蒂里希：《蒂里希选集》，何光沪编译，上海：三联书店1999。

蒂利希：《基督教思想史》，尹大贻译，香港：道风书社2001。

蒂利希：《蒂利希论谢林选集》，杨俊杰译，香港：道风书社2011。

歌德：《歌德文集》（14卷本），杨武能、刘硕良主编，石家庄：河北教育出版社1999。

海德格：《谢林论人类自由的本质》，薛华译，沈阳：辽宁教育出版社1999。

　　荷尔德林:《追忆》,林克译,成都:四川文艺出版社2010。

　　荷马:《伊利亚特》,罗念生、王焕生译,北京:人民文学出版社1994。

　　洪业:《杜诗引得序》,载洪业:《洪业论学集》,北京:中华书局1981。

　　尼采:《看哪这人:尼采自述》,张念东、凌素心译,北京:中央编译出版社2000。

　　尼采:《人性的,太人性的:一本献给自由精灵的书》,杨恒达译,北京:中国人民大学出版社2005。

　　齐美尔:《生命直观:先验论四章》,北京:三联书店2003。

　　普罗提诺:《九章集》,石敏敏译,北京:中国社会科学出版社2009。

　　泰勒(编):《从开端到柏拉图》(劳特利奇哲学史第1卷),韩东晖等译,北京:中国人民大学出版社2003。

　　汪子嵩等:《希腊哲学史》第1卷,北京:人民出版社1988。

　　吴学国:《存在·自我·神性:印度哲学与宗教思想研究》,北京:中国社会科学出版社2006。

　　姚介厚:《古代希腊与罗马哲学(上)》(西方哲学史第2卷上册),南京:江苏人民出版社2005。

德 汉 术 语 对 照 索 引

Ding 事物，物

Dinghaftigkeit 物一般的状况

Dinglichkeit 物性

Dingwerden 成为物

Draußen 外边

Drinnen 里边

Dunkel 黑暗

Du 你

Dusagen 说你

Dusagenkönnen 能够说你

eingeborenes Du 原先就有的你

ewiges Du 永恒的你

Durchbruch 突破

Eindruck 印象

Eigenmensch 自有之人

Eigenschaft 属性

Eigenwesen 自有本质

Einbildung 想象

Einigung 合为一

einkehren 折回

Einsamkeit 孤独

Einsammelung 聚集

Einschließlichkeit 包含

Einschließung 包容

Einswerden 化成一

Einung 合一

Einzel 个人

Element 元素

Emotion 情绪

Empfangen 接受

empfangend 静静地迎接

empfinden 感觉

Entgegentreten 浮现在对面

Entscheidung 决定

entwirklichen 失真

Ereignis 事件

Erfahrung 感受

Erfüllung 充满；实现

Ergreifen 逮住

Erinnerung 回忆

Erlösung 救赎

erneuern 更新

Escheinung 幽影；现象

erschießen 打开

Erleben 体验

Esform "它" 形式

Essenz 生机

existent 实际存在

Fähigkeit 能耐

Fetisch 恋物

Finsternis 幽暗

ganz 整个；完全

Gebilde 成果

gebrauchen 使用

Gedächtnis 记忆

Gefühl 情感

Gegenüber 面前

Gegenseitigkeit 相互

Gegenwart 眼前；就在眼前

gegenwärtig 就在眼前的

Gegenwärtigkeit 就在眼前

Geheimnis 奥秘

Gelassenheit 从容

Gemeinde 共同体

Gemeinschaft 团契

Genius 守护者

Geschehen 发生，所发生的事情

Geschöpf 造物

Gesetz 规律

gespalten 裂开

Gespräch 谈话

Gestalt 形象

Gestaltung 改造

Getrieb 机构

Gleichnis 比喻

Gnade 恩泽

Göttlich 富于神性的

Grenze 边界

Grund 根基

Haltung 态度

Harren 等候

Herz 心灵

hinwenden 对准

Ich 我

Ichbewußtsein 我意识

Ichsagen 说我

Ichwerden 成为我

Identität 同一

Individuum 个人

Kausalität 因果

Körper 肉身

Kraft 能量

Kundgebung 宣明

Latenz 沉寂

Leben 生活

Leib 身体

leibhaftig 很有身体感

leiben 现身

leiblich 很有"身体"感的

Los 苦命

Menschenkind 孩子

Menschenwesen 人之为生命

Menschtum 人而为人

Metapher 隐喻

Mitte 圆心

Moment 环节

Mutualität 相互性

naturhaft 如自然般

Naturwesen 自然生命

Nichttun 无为

Nichtzweiheit 不二

Offenbarung 启示

Opfer 供品

Person 人格；人物

Pfade 路

Phantasie 幻想

Pole 极

Potenz 能力

Präsenz 现在

Primitive 土著

Rand 边缘

Realität 现实

Realisierung 现实化

Reich 王国

richten 导向

Sammlung 凝聚

schaffen 创造；创作

Schicksal 命运

Schiedlichkeit 分裂

Schöpfung 造化

Schwermut 忧郁

Sehnsucht 渴望

Seiendes 在存在的东西

Urseiend 原来存在的东西

Alleinseiende 独自存在的东西

Sein 存在

Anderssein 另一种样子的存在

Sein an sich 自在的存在

Seinsollend 应当存在的东西

Sondersein 特别的存在

Sosein 这样的存在

Selbst 自己

Seligkeit 幸福

Sendung 使命

Sinn 感官；意义

Du-Sinn 你感官

Seins-Sinn 存在感官

Selbst-Sinn 自己感官

Situation 境遇

Sphäre 疆域

Sprache 话

sprechen 说

stiften 缔造

Strom 浪涛

Suchen 寻觅

Trennung 分离

Tun 主动；主动做

Umkehr 转身

umfassen 包含

ungeheuer 阴森

Unmittelbarkeit 直接性

Unterredung 会谈

unverbindlich 心不在焉

Urgrund 原始根基

Urmensch 原始人

Ursächlichkeit 原因

Ursprung 起源

Verbundenheit 紧紧结合

Vereinigung 合成一

verfremden 陌生化

Verhältnis 关系

Verhängnis 灾难

Verleiblichen 现身

vernehmen 感到

Vernichtung 毁灭

Versenkung 沉降

Verwirklichen 成真

vital 生机勃勃

Vollendung 完满

vollkommen 完美的

Vollzug 执行

Vorgang 过程

Vorhanden 方便取用的

Wagnis 冒险

Wahrnehmen 注意

Weg 道路

Weile 片刻

Werden 生成

Werk 作品；工作

Wesen 生命；本质

Wesenheit 生命性层面的东西

Wesenstat 本质在动

Widerfähren 遇上

Wiedergeburt 重生

Willkür 随意

wirken 作用

wirklich 真实的

Wohlgefallen 愉悦

Wollenkönnen 能够想要

Wonne 喜悦

Wordpaar 一对词

Zeichen 记号

Zusammenhang 架构

zuverlässig 可靠

Zwei 两个

Zweiheit 二

zweierlei 两种

Zwiefalt 两重

Zwiesprache 对讲

图书在版编目（CIP）数据

我和你/（德）马丁·布伯著；杨俊杰译. —— 杭州：
浙江人民出版社，2017.6

ISBN 978-7-213-08112-5

Ⅰ.①我… Ⅱ.①马… ②杨… Ⅲ.①人际关系学—
研究 Ⅳ.① C912.11

中国版本图书馆 CIP 数据核字 (2017) 第 150044 号

我和你

［德］马丁·布伯　著　杨俊杰　译

出版发行：浙江人民出版社（杭州市体育场路 347 号　邮编　310006）
责任编辑：潘海林
责任校对：朱　妍　朱志萍
特约编辑：陆　炎
封面设计：墨白空间·韩凝
印　　刷：北京盛通印刷股份有限公司
开　　本：889 毫米 × 1194 毫米　1/32
印　　张：6.5
字　　数：164 千
版　　次：2017 年 6 月第 1 版
印　　次：2017 年 6 月第 1 次印刷
书　　号：ISBN 978-7-213-08112-5
定　　价：58.00 元